la digitalización
toma el mando

Editorial Gustavo Gili, SL

Rosselló 87-89, 08029 Barcelona, España. Tel. 93 322 81 61
Valle de Bravo 21, Naucalpan 53050, México. Tel. 55 60 60 11
Praceta Notícias de Amadora 4-B, 2700-606 Amadora, Portugal. Tel. 21 491 09 36

la digitalización toma el mando

lluís ortega (ed.)

Compendios de Arquitectura Contemporánea

Colección Compendios de Arquitectura Contemporánea

Director de la colección: Iñaki Ábalos

Versión castellana: Alex Giménez Imirizaldu (excepto el texto "De lo virtual",
de Alejandro Zaera-Polo/Foreign Office Architects: © Jorge Sainz)

Diseño de la colección: RafamateoStudio

Printed in Spain

ISBN: 978-84-252-2275-7

Depósito legal: B. 30.017-2009

Impresión: Gráficas 92, SA, Rubí (Barcelona)

Índice

Introducción

Lluís Ortega

Este libro es una recopilación de reflexiones sobre el impacto de las tecnologías de la información y la comunicación (TIC) en la arquitectura. El origen de este fenómeno se remonta a la década de 1970, cuando la cibernética se introdujo con fuerza en la discusión del ámbito arquitectónico. Desde entonces, el impacto de las TIC en la arquitectura ha sido objeto de reflexión, generando algunos de los debates más vivos y polémicos de la disciplina. Al tratarse de una investigación que goza de plena vigencia y que cuenta ya con más de tres décadas de desarrollo, es comprensible que en ella encontremos algunas vías de trabajo que ya han sido abandonadas, otras que se encuentran en fase de discusión y algunas otras que emergen. Dada la enorme cantidad de textos publicados en los últimos años, muchos de ellos contradictorios entre sí, la reconstrucción de este debate no pretende ser ni exhaustiva ni objetiva, pues aún no disponemos de la distancia histórica suficiente para llevar a cabo una aproximación completa. Se trata de una toma de posición que pretende incentivar y reconducir la reflexión sobre el papel de la tecnología en la arquitectura.

Un lugar común en muchos de los textos que abordan el fenómeno de la digitalización es el uso de la palabra 'revolución'. En principio, se podría entender 'revolución' de diferentes modos; sin embargo, cuando se insiste en el cambio de *paradigma* que ha supuesto la introducción de los ordenadores en la práctica disciplinar, las opciones se reducen. Se asimila de forma evidente el modelo establecido por Thomas S. Kuhn[1] para describir las revoluciones científicas. Kuhn identifica una revolución científica con aquellos episodios de desarrollo no acumulativo en los que se reemplaza, completamente o en parte, un antiguo paradigma por otro nuevo e incompatible con el anterior. La acumulación de anomalías y de propuestas no satisfechas según el modelo imperante de la Ciencia Normal se resuelve satisfactoriamente por medio del nuevo modelo. Puede detectarse algo similar en los cambios que el fenómeno digital ha introducido en la arquitectura. Antes de la aparición de los ordenadores, temas que hoy se identifican como característicos de la arquitectura digital —relaciones dinámicas, flujos, geometrías no euclidianas, integración de modelos naturales, etc.— ya habían sido abordados por arquitectos predigitales, aunque es cierto que la manera de trabajarlos había sido más metafórica que instrumental —véanse, por ejemplo, los diagramas de movimientos de Louis I. Kahn, los proyectos informes de Friedrich Kiesler o los trabajos indéxicos de Charles y Ray Eames—. Sin embargo, la posibilidad de aplicar a la arquitectura el modelo de Thomas S. Kuhn es cuestionable, pues no se trata de una actividad científica y, por tanto, la estructura establecida en base a paradigmas no parece extrapolable de una forma literal. Es imposible definir una *arquitectura normal* tal como Kuhn acotó una *ciencia normal*. En este sentido, las afirmaciones en clave cientifista que definen el impacto digital como una revolución o como un cambio de paradigma deberían entenderse de una forma metafórica y no analítica. A lo que probablemente se refieren muchos de estos autores es a que las TIC han permitido un cambio de jerarquía en las prioridades de los arquitectos y, con ello, se ha posibilitado una reconceptualización del marco de la discusión disciplinar. Esta interpretación no menoscaba la importancia del cambio, sino más bien todo lo contrario, lo plantea en sus justos términos. Cabe insistir en que se trata de cambios sustanciales en buena parte de los cimientos sobre los que se ha venido sustentando la práctica arquitectónica, como la representación, la gestión de información o la virtualidad.

La selección de textos que aquí se presenta evita tomar posiciones excesivamente tecnofílicas o tecnofóbicas y se ha centrado en reflejar el impacto de ese cambio de prioridades.

Tras la introducción de la tecnología digital en el mundo académico, la investigación alcanzó posiciones muy radicales. Por un lado se produjo una explosión seudocientifista que confiaba en la tecnología y en su capacidad de convertirse en una tabla salvavidas ante un posmodernismo rampante. La referencia al proceso permitía escabullirse de la excesiva carga iconográfica, histórica y semántica del posmodernismo venturiano.

Un segundo grupo reaccionó ante la aparición del ordenador con una indiferencia que rozaba lo grotesco, aceptando el nuevo instrumento, a lo sumo, como una nueva prótesis para el arquitecto.

Ante estos dos enfoques antagónicos, una tercera manera de plantear el problema ha ido tomando posiciones silenciosamente. Se trata de una opción que ha seguido una generación de arquitectos que no problematiza lo digital como tal, sino que son digitales por nacimiento o adopción; sencillamente, operan en el nuevo medio. En una revisión no declarada de cierto pragmatismo, su actitud es claramente inclusiva y no dialéctica; sus intereses son diversos, múltiples y plurales. No entienden el formalismo como antagónico de lo funcional, no imaginan lo sistemático como opuesto a lo creativo, no refieren lo ornamental a ninguna práctica delictiva, ni tampoco renuncian a los accidentes. La complejidad ya no fascina por sí misma, sino por su latente inteligencia virtual; estos arquitectos no se nutren de grandes narrativas excluyentes, sino que conforman robustas redes de intereses; no hablan de los ordenadores, los utilizan.

La estructura de esta recopilación de textos permite leerlos de dos maneras. Por un lado, los textos son independientes entre sí y cada uno tiene interés por sí mismo. Al mismo tiempo, también pueden leerse de una manera convencional; es decir, como un único texto, con una lectura continua e ininterrumpida. La selección y el orden de los textos se basa en la intuición de que nos encontramos ante un cambio de grado, ante un abandono de un proceso iniciático a lo digital y ante el arranque de una arquitectura digital de segunda generación. De este modo, el orden del libro no sigue estrictamente una secuencia cronológica, sino discursiva.

El primer texto de esta recopilación, un artículo de Gordon Pask, es el único anterior a 1975, fecha de referencia de la que parte toda esta colección de escritos. El artículo de Gordon Pask, elocuentemente titulado en 1969 "La relevancia arquitectónica de la cibernética", resalta la idea de que, ante todo, los arquitectos son diseñadores de sistemas que en los últimos años han ido centrando cada vez más su interés en las propiedades organizativas de los sistemas de desarrollo, comunicación y control. Este texto marca un inicio que me parece significativo en la discusión sobre la relación entre la tecnología digital y la arquitectura. El impacto de la cibernética sobre la arquitectura no es sólo instrumental, sino que constituye un nuevo marco teórico donde poder pensar y proyectar. Aquello que durante el siglo XX se entendía como un proceso teleológico lineal deductivo basado en la identificación de una causa y su efecto, se convierte en un proceso inductivo con una aproximación sistemática y circular que se retroalimenta y que da prioridad a lo performativo frente a lo meramente descriptivo. Por paradójico que parezca, la aparición de las redes digitales recupera alguna de las lógicas de las sociedades orales anteriores a la irrupción de la imprenta. Se cuestiona la idea de tipología como estructura rígida que establece relaciones entre forma y función para volver a hablar de la arquitectura en términos orgánicos y dinámicos. Se supera el complejo antiornamental del movimiento moderno más canónico y se desarrollan nuevos discursos y propuestas sobre lo ornamental como sistema integrador de la tríada vitruviana; con la aparición de los nuevos sistemas integrados de diseño y producción, se asimila la limitación de la seriación productiva de la industria mecanizada de Sigfried Giedion[2] y se recupera la ambición de personalizar la producción, ya no desde su antigua configuración manual, sino desde la singularidad que los sistemas digitales permiten incorporar al proceso de diseño. Ya no se piensa en función de series o repeticiones, sino en versiones y variaciones.

Sobre el contenido

No se trata de discutir si aceptamos o no lo digital. Centrar la discusión en estos términos ya no es pertinente. La discusión se centra sobre cómo reconstruir, si fuera deseable, los marcos de evaluación y desarrollo de una disciplina que hoy parece mucho más compleja, abierta y potente desde el punto de vista instrumental que en el siglo anterior. Como tantas veces ha sucedido en la historia de la arquitectura, parece que nos encontramos en un momento donde los grandes discursos, los "ismos" reductores, ya no son posibles ni deseables. Seguramente el futuro es mucho más parecido a una red flexible y reconfigurable, una red desde donde abordar los grandes temas pendientes, presentes y por venir.

Con dos textos cada uno, Stan Allen y John Frazer reflexionan sobre los nuevos medios y reclaman superar la atención que se presta al medio digital para asumir la realidad digital como tal y volver a centrar la discusión en otros ámbitos de la disciplina. Con sus reflexiones "prodigitales" y "posdigitales" ambos autores enmarcan el resto de trabajos seleccionados.

Mario Carpo trata el problema de la producción no estándar en la era digital. Desde la perspectiva de quien ha observado atentamente el devenir de la discusión sobre lo digital en arquitectura, Carpo nos presenta el estado actual de la investigación centrándose en la producción. Antoine Picon aborda en "La arquitectura y lo virtual. Hacia una nueva materialidad" el problema de la materialidad y la representación en el ámbito de la arquitectura digital.

Brett Steele, investigador de referencia en el campo de lo digital por su trabajo en la Architectural Association, distingue entre los que él denomina partidarios del diagrama y los del proceso. Si los primeros entienden su actividad como expansiva, contextual y gestora de datos, los segundos operan de modo más introspectivo, manifestando un interés especial por la investigación topológica.

Bernard Cache y Patrick Beaucé reflexionan en su texto sobre la producción no estandarizada. Desde su propia experiencia como investigadores, efectúan un pormenorizado recorrido sobre los fundamentos de la arquitectura asociativa y proclaman la necesidad de construir una cultura de la producción digital.

Greg Lynn centra su texto en las expectativas de ruptura con un modelo de arquitectura basado en el estudio de fuerzas estáticas y reclama una reconceptualización de la disciplina apoyándose en la capacidad de los ordenadores de abordar sistemas y modelos dinámicos. En su artículo-entrevista, Ingeborg Rocker nos ayuda a recorrer toda la trayectoria profesional y conceptual de Greg Lynn, uno de los más destacados y prolíficos investigadores de lo digital.

Alejandro Zaera-Polo, de Foreign Office Architects, hace hincapié en la distinción entre la arquitectura virtual y lo virtual en arquitectura, centrando su interés en este último aspecto y en cómo se utilizan diagramas y medios informáticos para explorar nuevos compuestos materiales.

En un texto de cariz más académico, Antoine Picon aborda este mismo tema de la virtualidad en su artículo "Arquitectura, ciencia, tecnología y el reino virtual".

Dentro de un ámbito más teórico se enmarcan las contribuciones de Sanford Kwinter y Manuel Delanda. En "Deleuze y el uso del algoritmo genético en arquitectura", Delanda reflexiona sobre los nuevos modos de generación de la forma dentro del marco conceptual deleuziano y retoma la polémica sobre si los ordenadores representan el final de la autoría artística.

Sanford Kwinter, por su parte, aborda en su artículo la convergencia entre el conocer y el hacer, dos características de la filosofía y la arquitectura respectivamente. Según Kwinter, una nueva visión orgánica, termodinámica e informacional de la forma en arquitectura ya ha comenzado a aparecer en la era digital.

Por razones obvias de limitación de espacio, no ha sido posible recopilar trabajos de todos aquellos que han hecho aportaciones significativas a este ámbito; muchas de estas contribuciones están referenciadas en la bibliografía adjunta. Junto a los títulos de los artículos se han añadido unas palabras sobre su contenido, para orientar al lector interesado en ampliar sus lecturas sobre el tema.

El registro de voces que aparece en este libro es diverso y su estructura no ambiciona coherencia ni proselitismo. Se trata de autores que, con la propia evolución de su trabajo, han reconocido y demostrado que la tecnología ha producido un impacto productivo, que se trata de una nueva oportunidad para repensar y ensanchar las fronteras de la práctica arquitectónica, pero que no renuncian a entender su actividad como disciplinar. Demasiado a menudo el debate se ha visto condicionado por aproximaciones moralistas sobre la aportación del nuevo medio a la arquitectura. Por su ambigüedad fronteriza, la disciplina siempre ha sido escenario de discusiones sobre su constitución, y seguramente este hecho ha permitido su desarrollo. La polémica sobre la aparición del ordenador fue secuestrada en los últimos años por discursos que apuntaban tanto a la desaparición de la disciplina por culpa del nuevo instrumental, como a la crítica de un pretendido objetivismo basado en sistemas procesuales. Lo cierto es que se trata de un debate falso. La oportunidad para la labor proyectual o para la crítica no pasa por ahí, sino por recuperar la arquitectura como actividad cultural que reincorpora lo virtual como centro de su ámbito de desarrollo conceptual y lo paramétrico como núcleo de su técnica proyectual. Es cierto que, gracias a lo digital, ninguno de estos dos aspectos —lo virtual y lo paramétrico— es nuevo, pues ambos han estado presentes en la arquitectura; sin embargo, también es cierto que, gracias a las TIC, tanto lo virtual como lo paramétrico se han convertido en los motores de una nueva conceptualización de la actividad.

---

[1] Kuhn, Thomas S., *The structure of scientific revolutions*, University of Chicago Press, Chicago, 1962 (versión castellana: *La estructura de las revoluciones científicas*, Fondo de Cultura Económica, Madrid, 1971).

[2] Giedion, Sigfried, *Mechanization takes command*, W.W. Norton, Nueva York, 1969 (versión castellana: *La mecanización toma el mando*, Editorial Gustavo Gili, Barcelona, 1978).

La significación arquitectónica de la cibernética
Gordon Pask
1969

Resulta fácil alegar que la cibernética es significativa para la arquitectura, de igual modo que lo es para muchas otras profesiones, como la medicina, la ingeniería o el derecho. Por ejemplo, la Técnica de revisión y evaluación de programas [PERT: Program Evaluation and Review Technique] es inequívocamente "cibernética" y se emplea comúnmente en la planificación de la construcción. El diseño asistido por ordenador es un método "cibernético" y existen varios ejemplos de su aplicación en arquitectura, como, por ejemplo, el esquema de planificación WSCC en el que el proyectista utiliza un dispositivo gráfico para representar la disposición de módulos estructurales sobre una malla y en el que el ordenador resume los esfuerzos resultantes de una disposición propuesta. De estos casos, el primero (PERT) es una aplicación valiosa pero algo trivial de la cibernética; el segundo puede llegar a ejercer una influencia profunda en el proyecto arquitectónico. Sin embargo, ninguno de los dos demuestra más que un vínculo superficial entre la cibernética y la arquitectura. Si dejamos aquí el tema, los arquitectos tienen acceso a un conjunto de trucos cibernéticos y echan mano de aquellos que puedan parecerles más apropiados; por descontado, sería perfectamente razonable hacerlo. No obstante, la cibernética y la arquitectura realmente disfrutan de una relación mucho más íntima: comparten una filosofía arquitectónica, que Stafford Beer ha definido como "la filosofía de la investigación operativa".

La discusión se apoya en la idea de que los arquitectos son, primero y ante todo, proyectistas de sistemas que se han visto forzados, a lo largo de más o menos los últimos cien años, a interesarse cada vez más por las propiedades organizativas (es decir, intangibles) de los sistemas de

Pask, Gordon, "The architectural relevance of cybernetics", en *Architectural Design*, 6, vol. 7, Nueva York, 1969, págs. 494-496.

desarrollo, comunicación y control. Los problemas de diseño se afrontaban tal como surgían, pero desde hace algún tiempo se ha puesto de manifiesto que es necesaria una teoría unificadora de base. La cibernética es una disciplina que cumple esa función en la medida en que sus conceptos abstractos pueden interpretarse en términos arquitectónicos (y, donde proceda, identificarse con sistemas arquitectónicos reales), para formar una *teoría* (cibernética arquitectónica, la teoría cibernética de la arquitectura).[1]

Raíces históricas[2]

Hacia principios del siglo xix, la arquitectura "pura" existía como una abstracción del arte de construir. En esencia, sus reglas eran instrucciones condensadas de lo que podía observarse al ver a los constructores trabajar en una obra y al ver los edificios construidos en diferentes lugares y en diferentes épocas. Los arquitectos añadieron una pizca de oficio ingenieril y una sensibilidad histórica o estética a su disciplina y crearon nuevos edificios con *estabilidad* y *estilo*. En conjunto, sus edificios fueron juzgados en el seno de la arquitectura "pura" según estos cánones.

Incluso en aquel entonces, por supuesto, se pedía a los arquitectos que resolvieran problemas que tenían que ver con el cobijo y el alojamiento de los seres humanos; por tanto, que diseñaran sistemas. Sin embargo, en cierto sentido, su competencia era bastante limitada. Todos los problemas podían resolverse mediante la aplicación juiciosa de las reglas arquitectónicas puras. La forma del artefacto (la casa, la escuela o el teatro) venía en gran parte determinada por unos códigos arquitectónicos bastante rígidos (que dictaban, por ejemplo, las relaciones aceptables entre las partes y el todo) y por las convenciones de la sociedad o de cada arquitecto. Técnicamente hablando, existían medios de comunicación bien aceptados para las instrucciones, directrices e ideas que se transmitían (manuales de estilo, etc.). Más tarde, se creó un *metalenguaje* para hablar de estas instrucciones, directrices e ideas, para compararlas, evaluarlas y criticarlas (como en los cánones de la estabilidad o del estilo). De hecho, cuando eran interpretados, el cuerpo de cánones metalingüísticos formaba la teoría de la arquitectura pura. En consecuencia, aunque diseñasen sistemas, los arquitectos no tenían necesidad de verse como diseñadores de sistemas y la evidencia sugiere que no se veían como tales.[3] En su lugar, la imagen profesional era la de un constructor sofisticado de casas, escuelas o teatros.

Durante la era victoriana se desarrollaron nuevas técnicas con demasiada rapidez para ser asimiladas por la arquitectura pura, se plantearon nuevos problemas y ya no se podían obtener soluciones aplicando las reglas de la arquitectura pura, por ejemplo, para construir una "estación de ferrocarril" o una "exposición internacional". La solución a esos problemas (por entonces) descabellados dependía claramente de ver el edificio que se requería como una parte del ecosistema de una sociedad humana. Está claro que los problemas se resolvieron y que las técnicas novedosas lograron aplicarse a tal efecto (Temple Meads, la Tropical House en Kew, el Crystal Palace). En mi opinión, se trata de soluciones excepcionalmente hermosas.[4] De todas formas, resultan soluciones individuales e idiosincrásicas porque, en el nuevo contexto, no había manera de llevar a cabo un debate general y crítico. Aclaremos este punto. Obviamente *existía* un gran caudal de discusión técnica y estética sobre el uso del acero y del vidrio por parte de I. K. Brunel, D. Burton y J. Paxton, pero nadie parece haber apreciado el significado completo de sus estructuras en el contexto del potencial arquitectónico de la época; es decir, como ejemplos de diseño de *sistemas*. La razón es bastante evidente. Mientras la arquitectura pura de principios del siglo XIX disponía de un metalenguaje, a pesar de unas restricciones del propio lenguaje que desalentaban la innovación, la nueva (y extendida) arquitectura aún no había desarrollado uno propio. Otra manera de exponerlo sería decir que no existía una teoría de la nueva arquitectura.[5]

Subteorías arquitectónicas

En lugar de una teoría general, existían subteorías que trataban facetas aisladas del tema: teorías de materiales, de la simetría, del compromiso y de la responsabilidad humanos, del artesanado, etc., que, sin embargo, (probablemente sea justo decir que) se desarrollaron de forma más o menos independiente hasta finales del siglo xix.

Como es natural, cada subteoría fomentaba cierto tipo de edificio o cierta especie de dogma socioarquitectónico, como, por ejemplo, el futurismo. En cualquier caso, la cuestión de interés inmediato es que muchas de esas subteorías se orientaban hacia los sistemas; aunque surgieron antes de la invención de la palabra, en un sentido embrionario ya eran teorías "cibernéticas" y las ideas ocultas detrás de ellas representan una valiosa contribución al desarrollo de la cibernética como ciencia formal.

Funcionalismo arquitectónico y mutualismo

Un edificio existe principalmente para satisfacer ciertas funciones como, por ejemplo, albergar a sus ocupantes o proveerles de servicios. En ese sentido, un edificio "funcional" contrasta con uno "decorativo"; se trata de una estructura austera, despojada de excrecencias. Sin embargo, el concepto de funcionalismo puede ser útilmente refinado en una dirección humanista. Las funciones, después de todo, están al servicio de los seres o las sociedades humanos, de ahí que un edificio no pueda verse simplemente de forma aislada. Sólo tiene significado como un entorno humano; interactúa permanentemente con sus habitantes, sirviéndolos por un lado y, por otro, controlando su comportamiento. Dicho de otro modo, las estructuras cobran sentido como partes de sistemas mayores que incluyen componentes humanos y el arquitecto se preocupa de forma prioritaria por esos sistemas mayores; éstos (y no sólo la parte de ladrillo y mortero) son lo que diseñan los arquitectos. Apodaré a este concepto "mutualismo arquitectónico" para dar a entender la reciprocidad entre estructuras y hombres o sociedades.

Una consecuencia del funcionalismo y del mutualismo es el énfasis en la *forma* (más que en la constitución material) de los edificios; los materiales y los métodos adquieren relevancia bastante más tarde en el proceso de proyecto. Otra consecuencia es que se requiere que los arquitectos diseñen entidades *dinámicas* más que *estáticas*. Claramente, la parte humana del sistema es dinámica, pero también es cierto (aunque menos evidente) que la parte estructural debe representarse como un regulador continuo de sus habitantes humanos.

Holística arquitectónica

Una vez que se ha aceptado una versión rudimentaria de las hipótesis funcionales/mutualistas, la integridad de todo sistema es cuestionable. La mayor parte de los sistemas humanos/estructurales se basa en otros sistemas con los que se empareja a través de sus componentes humanos. Mediante hipótesis, se llega a conjuntos organizativos que no pueden diseccionarse en partes sin perder su significado.

Esta idea holística se expresa de varias maneras:

a   Un edificio interpretado funcionalmente sólo puede ser útil si se lo considera en el contexto de una ciudad (nótese que la ciudad también se interpreta funcionalmente, y de ahí que sea una entidad dinámica).

b   Una estructura (interpretada funcionalmente), bien sea un edificio o una ciudad entera, sólo puede concebirse con pleno sentido si se la considera en el contexto de su extensión en el tiempo; es decir, de su crecimiento y desarrollo.

c   Una estructura (interpretada funcionalmente) existe como parte de una intención; es decir, como producto de un plan.

d   Si (dogma asumido) el hombre debe ser consciente de su entorno natural, entonces los edificios deben concordar, o bien surgir, del entorno (tesis orgánica de Frank Lloyd Wright).

Como corolario de los puntos a, b y c, resulta que la estructura de una ciudad no es tan sólo el caparazón de la sociedad; al contrario, la estructura actúa como un programa simbólico de control al mismo nivel que las restricciones rituales que se sabe que regulan el comportamiento de varias tribus y que producen un comportamiento más homeostático que divergente. De ahí que el arquitecto sea responsable de las convenciones de los edificios y la configuración del desarrollo de tradiciones (este comentario simplemente refuerza la idea de que un edificio controla a sus habitantes a un nivel organizativo).

Ideas evolucionistas en la arquitectura

Los sistemas, sobre todo las ciudades, crecen, se desarrollan y, por lo general, evolucionan. Ese concepto está claramente sujeto a la hipótesis funcionalista/mutualista (sin la cual es difícil ver en qué sentido el propio *sistema* verdaderamente *crece*), aunque esa dependencia con frecuencia se subestime. Una consecuencia práctica inmediata del punto de vista evolucionista es que, para que su crecimiento sea saludable y no canceroso, los proyectos arquitectónicos deben incorporar normas para la evolución. En otras palabras, un arquitecto responsable debe preocuparse por las propiedades evolutivas; no puede dar un paso atrás como un mero observador, como si la evolución fuera algo que simplemente les ocurre a sus edificios. La tesis evolucionista está íntimamente vinculada a la holística, tipo *c*, pero es una versión cuidadosamente especializada de *c,* tal como se pone de manifiesto en la obra de los arquitectos japoneses.

Entornos simbólicos en la arquitectura

Muchas actividades humanas tienen un carácter simbólico. Al utilizar símbolos visuales, verbales o táctiles, el hombre "dialoga" con su entorno, que comprende a otros hombres, sistemas de información —como bibliotecas, ordenadores u obras de arte— y, también, naturalmente, los edificios que le rodean.

Siempre se ha clasificado a los edificios como obras de arte. La subteoría novedosa es que los edificios pueden *proyectarse* (e intuirse) con el fin de promover un diálogo productivo y placentero. Esa forma de pensar se manifiesta con mayor claridad en conexión con las formas de arte literario, sobre todo con el surrealismo, basado en una yuxtaposición de estímulos liberadores y supranormales (que evocan respuestas emotivas internas) en el seno de una matriz temática. A un nivel arquitectónico, ese tipo de diseño aparece en el surrealismo vegetal de parte del *art nouveau*, pero alcanza su madurez en la obra de Antoni Gaudí, especialmente en el Park Güell, que, a nivel simbólico, es una de las estructuras más cibernéticas que existen. A medida que se recorre esta pieza, se producen declaraciones en términos liberadores, la exploración se ve guiada por una retroalimentación especialmente artificiosa y se introduce la variedad (factor sorpresa) en puntos apropiados para invitar a seguir explorando.

Es interesante que la obra de Gaudí se haya *comparado* a menudo con el funcionalismo. Desde el punto de vista sistémico, *es* funcionalismo puro y simple, aunque esté dirigido *sólo* a satisfacer las necesidades simbólicas e informativas del hombre.[6]

La maquinaria de la producción arquitectónica

Al igual que un edificio, interpretado desde el punto de vista funcional, constituye un sistema, también la *construcción* del edificio es un *sistema*. Las nuevas técnicas desarrolladas durante el siglo xix y la mecanización generalizada de los centros de producción condujo a subteorías preocupadas por la génesis de formas (las más importantes centradas alrededor de la Bauhaus) y éstas, a su vez, restringían las formas susceptibles de producirse.

La ampliación del encargo

Como resultado del desarrollo de estas subteorías esencialmente cibernéticas, muchos arquitectos *quisieron* diseñar sistemas pero, en general, se *esperaba* de ellos que diseñaran edificios. En gran medida, eso todavía (bastante razonablemente) es así. De todas formas, el encargo que se hace a los arquitectos se ha expandido durante las últimas décadas.

En parte, ello se debe a un aluvión de problemas para los que no existen soluciones convencionales (estructuras que tienen que ver con desarrollos aeroespaciales, la industria, la investigación, el espectáculo, el uso de los océanos, etc.), y frente a los que el arquitecto, en gran medida, se encuentra en la misma posición que su predecesor victoriano, a quien se le pedía que construyera una estación de ferrocarril. Sin embargo, en cierto sentido, las restricciones se han relajado debido a que el pensamiento orientado al sistema es también más habitual entre los clientes y los patrocinadores públicos. Hoy en día, resulta legítimo iniciar el proceso de proyecto mucho antes, incluso en el caso de un proyecto convencional. Por ejemplo, es bastante corriente proyectar (o al menos planificar) las ciudades como un todo, con previsión de su evolución. Una universidad no *necesita* concebirse como un conjunto de edificios alrededor de un patio, con residencias y un aula magna. En determinadas circunstancias, el sistema educativo *podría* distribuirse espacialmente en lugar de estar localizado. En cualquier caso, se ha animado a los arquitectos a que anticiparan tendencias tales como el desarrollo de la tecnología educativa y a que previeran su impacto en cualquier edificio que levantaban. De ese modo, bastante a menudo el arquitecto aparece en escena cuando se contempla un sistema educativo de mayor entidad, llámesele o no universidad. El proyecto del Fun Palace, de Joan Littlewood y Cedric Price, supuso una aproximación temprana a este tipo de cuestiones en el terreno del entretenimiento, y no resulta difícil encontrar ejemplos en otros campos que abarcan desde el diseño de exposiciones hasta la construcción de fábricas.

Lo que pretendo señalar es que actualmente existe una *demanda* de pensamiento orientado hacia los sistemas, mientras que en el pasado sólo había un *deseo* más o menos esotérico. En respuesta a esta demanda, vale la pena recopilar las subteorías aisladas e intentar una generalización a partir de sus principios comunes. Como ya se ha explicado, los principios comunes son las nociones de control, comunicación y sistema, de ahí que de la generalización resulte ni más ni menos que una cibernética abstracta, interpretada como una teoría arquitectónica general.

Sería prematuro sugerir que la interpretación y la consolidación necesarias están completas, pero ciertas personas han sentado ya bases verosímiles; por citar sólo a aquellos con quienes he tenido un contacto personal: Christopher Alexander, Nicholas Negroponte, muchos estudiantes y ex alumnos de la escuela de arquitectura de la Architectural Association y de Newcastle.

Estatus de la nueva teoría

Al igual que ocurre con la arquitectura pura del siglo XIX, la cibernética proporciona un metalenguaje para la discusión crítica. Sin embargo, la teoría cibernética es más que una ampliación de la arquitectura "pura". Como hemos señalado anteriormente, la arquitectura pura era descriptiva (una taxonomía de edificios y métodos) y prescriptiva (como en la preparación de planos), pero hacía bien poco por predecir o explicar. La teoría cibernética, en cambio, tiene una considerable capacidad para realizar predicciones.[7] Por ejemplo, el desarrollo urbano puede modelarse como un sistema autoorganizativo (una afirmación formal de "Ideas evolucionistas en arquitectura") y es posible predecir en esos términos hasta qué límite será caótico u ordenado el crecimiento de una ciudad. Incluso si los datos necesarios para la predicción no estuvieran disponibles, al menos podríamos plantear y comprobar hipótesis racionales. Prácticamente puede decirse lo mismo de los casos en los que el tiempo no resulta prioritario, como, por ejemplo, cuando se trata de predecir la influencia de las restricciones espaciales y normativas sobre la estabilidad de un edificio (interpretado desde el punto de vista funcional).

La teoría cibernética también puede ofrecer alguna aplicación explicativa, pues es posible imitar ciertos aspectos del proyecto arquitectónico mediante programas informáticos de inteligencia artificial (siempre que el programa pueda, en relación a esos aspectos, aprender *sobre* y *de* los arquitectos mediante la experimentación de su lenguaje; es decir, explorando plantas, especificaciones materiales, versiones condensadas de los comentarios del cliente, etc.).[8] Sin duda, dichos programas son valiosos por propio derecho y constituyen una ayuda potencial al proyecto, pues actúan como extensiones inteligentes de los programas instrumentales mencionados al principio de este artículo; es más, ofrecen una forma de integrar el sistema constructivo (la "maquinaria de producción") con el proceso de diseño en marcha, pues resulta bastante fácil incorporar las restricciones de la tecnología actual en una parte especial de la simulación. De todas formas, yo creo que estos programas son de mucha más importancia para evidenciar el conocimiento teórico de aquello que trata la arquitectura. En la medida en que puede describirse el programa, la teoría cibernética es explicativa.

Especulaciones

Parece que van a producirse avances rápidos en al menos cinco áreas guiadas por la teoría cibernética de la arquitectura.

1. Se desarrollarán varios procesos de diseño asistido por ordenador (e incluso dirigidos por el ordenador) para convertirse en instrumentos útiles.

2. Se unificarán conceptos de varias disciplinas (sobre todo de la antropología social, la psicología, la sociología, la ecología y la economía) con conceptos arquitectónicos para forjar una visión adecuadamente amplia de entidades tales como "civilización", "ciudad" o "sistema educativo".

3. Se producirá una formulación sistemática y rigurosa de la forma en que la arquitectura actúa como control social (es decir, que se elaborará el germen de una idea, denominada bajo el término "holística").

4. El punto álgido del funcionalismo es el concepto de casa como "máquina para vivir". Sin embargo, la tendencia se dirige hacia una máquina que funciona como instrumento al servicio del habitante, una noción que se verá refinada, creo, hacia el concepto de un entorno *con* el que el habitante coopera y *en* el que puede externalizar sus procesos mentales; es decir, que se enfatizará el mutualismo respecto al funcionalismo. Por ejemplo, la máquina para vivir liberará al habitante de la necesidad de acumular información en su memoria y de ejecutar cálculos, y le ayudará en algunas de las tareas más obvias, como la gestión de residuos y el lavado de platos; es más, prestará atención al habitante y responderá a sus demandas.

5. Antoni Gaudí (intencionadamente o no) logró un diálogo entre el entorno y sus habitantes y lo hizo mediante estructuras físicamente estáticas (los procesos dinámicos dependientes de los movimientos de las personas en el cambio de los objetos de su atención). El diálogo puede refinarse y ampliarse con la ayuda de técnicas modernas que nos permitan entretejer los mismos patrones en lo que se refiere a un entorno reactivo. Si, además, el entorno es maleable

y adaptativo, los resultados pueden ser verdaderamente potentes. Yo mismo he experimentado algunas de estas cuestiones,[9] pero el trabajo de Warren M. Brodey y su grupo en el laboratorio de ecología ambiental es un proyecto a una escala mucho más imponente. Como descripción general de lo que está ocurriendo, un ordenador controla las propiedades visuales y táctiles de los materiales del entorno (que están disponibles en suficiente diversidad para la mayoría de los objetivos arquitectónicos). Esos materiales contienen sensores, táctiles o visuales según el caso, que devuelven mensajes al ordenador con distintos niveles de precisión. En ausencia de un habitante humano, la retroalimentación lleva a una estabilización de acuerdo con ciertas invariantes preprogramadas (por ejemplo, que el volumen de un material debe mantener la estabilidad mecánica y ocupar un valor prescrito) y genera procesos en los que el material busca activamente signos de contacto humano con él. Si hay un humano en el entorno, el ordenador, el material y todo el conjunto se ponen a dialogar con él y, con límites bastante holgados, es capaz de aprender de él y adaptarse a su patrón de comportamiento. De este modo se produce una dirección de funcionamiento en que el entorno reactivo es el *controlador* y otra dirección en que los habitantes *controlan* su entorno.

Un paradigma sencillo de diseño cibernético

En el contexto de un entorno reactivo y adaptable, el diseño arquitectónico se produce en varios niveles interdependientes.

i. Especificación del propósito u objetivo del sistema (en relación a los habitantes humanos). Debe hacerse hincapié en que el objetivo *puede*, y casi siempre *estará*, infraespecificado; es decir, que el arquitecto no sabrá más del propósito del sistema de lo que sabe *realmente* del propósito de una casa convencional. Su objetivo es proporcionar un conjunto de restricciones que permitan ciertos modos de evolución supuestamente deseables.

ii. Elección de los materiales ambientales básicos.
iii. Selección de las invariantes que tienen que programarse en el sistema. En parte en esta fase, y en parte en la anterior ii, el arquitecto determina qué propiedades serán relevantes en el diálogo entre hombre y entorno.
iv. Especificación de lo que aprenderá el entorno y cómo se adaptará.
v. Elección de un plan de adaptación y desarrollo. En caso de que el objetivo del sistema esté infraespecificado (como en el punto i), el plan consistirá principalmente en principios evolutivos.

Por supuesto, este paradigma se aplica a sistemas que se adaptan en intervalos de tiempo más bien cortos (minutos u horas). En comparación, la adaptación en un proyecto como el sistema del Fun Palace se realizó en intervalos de tiempo mucho mayores (por ejemplo, formaban parte de la propuesta un ciclo de ocho horas y otro semanal). Dependiendo de las restricciones de tiempo y del grado de flexibilidad requerido, es más o menos conveniente el uso de un ordenador (por ejemplo, el ciclo semanal se programa de forma más económica con un proceso de oficina convencional flexible), no obstante, se suponen exactamente los mismos principios.

La planificación urbana se extiende a menudo a períodos de años o décadas y, tal como se concibe en la actualidad, el plan es una especificación bastante inflexible. Sin embargo, la idea que se acaba de plantear sugiere que esta inflexibilidad no es necesaria y que, quizá ventajosamente, podría determinarse el desarrollo urbano mediante un proceso como el del diálogo con el entorno reactivo (contacto físico con los habitantes que dé lugar a una toma de conciencia de sus preferencias y predilecciones; el plan inflexible para la máquina de cálculo medioambiental). De ser así, se aplicaría el mismo paradigma de diseño, pues en todos los casos considerados hasta ahora las decisiones tienen un carácter sistémico; es decir, que se dirigen hacia la delineación o la modificación de un programa de control. Esta universalidad es típica de la aproximación cibernética.

Una maniobra final nos indicará una teoría cibernética del momento. Volvamos el paradigma del diseño sobre sí mismo, apliquémoslo a la interacción entre el diseñador y el sistema que diseña en lugar de a la interacción entre el sistema y la gente que lo habita. El guante encaja casi perfectamente cuando el diseñador utiliza un ordenador como asistente. En otras palabras, se conserva la relación "controlador/entidad controlada" si sustituimos estas palabras genéricas bien por "diseñador/sistema diseñado", por "entorno sistémico/habitantes" o por "plan urbano/ciudad". Sin embargo, nótese el truco de que el diseñador controla la construcción de los sistemas de control y, en consecuencia, el diseño es control *del* control; es decir, que el diseñador hace prácticamente el mismo trabajo que su sistema, *pero* opera a un nivel más alto en la jerarquía organizativa.

Es más, el objetivo del diseño casi siempre aparece infraespecificado y el "controlador" ya no es el aparato autoritario cuyo nombre puramente técnico nos trae a la mente. Al contrario, el controlador se transforma en una peculiar mezcla de catalizador, apoyo, memoria y árbitro. Éstas son, creo, las disposiciones que debe llevar un diseñador a su trabajo (cuando juega el papel profesional de controlador) y las que debe introducir en los sistemas (de control) que diseñe.[10]

---

[1] Comentarios muy similares son aplicables a la ingeniería, pues los ingenieros, como los arquitectos, prescriben artefactos. Seguramente, también algunos ingenieros hacen uso de una teoría cibernética. Sin embargo, el requerimiento no es tan ubicuo en su campo, ni tampoco es tan grande el impacto de la cibernética, pues desde mucho antes de que los conceptos cibernéticos aparecieran como audaces innovaciones existe un encomiable cuerpo de la teoría de la ingeniería, una teoría que es explicativa y predictiva. Es más, mientras que los sistemas de diseño de todos los arquitectos interactúan estrechamente con los seres humanos y las sociedades, la mayor parte de los ingenieros (con obvias excepciones) no se ven forzados a hacerlo. La interacción humana es una gran fuente de dificultades que sólo pueden superarse mediante el pensamiento cibernético.

[2] La elección de un origen histórico resulta algo arbitraria y depende del hincapié hecho por el autor. Por ejemplo, Christopher Alexander, preocupado por la lógica de la forma, remonta los conceptos cibernéticos esencialmente a Carlo Lodoli y Marc-Antoine Laugier. En este artículo me inquieta seguir el desarrollo pragmático de las ideas cibernéticas y ver cómo aparecen en la historia de la arquitectura moderna.

[3] Se dan dos tipos de excepción importantes:

(i) Arquitectos de genio con una amplitud de miras que les impulsa a ver las cosas de un modo sistémico e interdisciplinar. Este tipo de arquitectos ha existido en todas las épocas, como, por ejemplo, Christopher Wren y John Soane.

(ii) Arquitectos como John Nash, cuyo talento se apoya en la concepción del desarrollo urbano como un todo funcional y estético. Sin embargo, en el contexto de principios del siglo xix, este tipo de personajes son probablemente más "organizadores con una visión" que "arquitectos".

[4] En parte he escogido estos ejemplos porque son bien conocidos, pues aparecen en los libros de texto pero, sobre todo, porque me impresionan sus cualidades sistémicas y cómo expresan las intenciones del proyectista hacia el ocupante. Dos de ellos todavía están en pie, pero quiero recordar justamente el Crystal Palace que, aunque sea una encarnación del mal gusto, resulta una estructura notable. Como fue uno de los primeros ejemplos de edificios prefabricados, también se debe tener en cuenta como una pieza de diseño de sistemas a nivel ingenieril.

[5] La ausencia de un metalenguaje adecuado no era el único factor. Como señala el profesor Nikolaus Pevsner, los ingenieros y los artistas persiguen caminos de desarrollo divergentes que se encontraban más o menos en conflicto entre sí y este hecho explicaba al menos algo de la idiosincrasia arquitectónica. Sin embargo, si *hubiera* existido un metalenguaje, entonces la síntesis del siglo xx podría haberse logrado mucho antes.

[6] En otros sentidos, sería claramente un incordio vivir en ella.

[7] El impacto de la cibernética en la arquitectura es considerable justamente porque la teoría tiene mucho más poder predictivo del que tuvo la arquitectura pura. La cibernética hizo relativamente poco para alterar la forma de, por ejemplo, la bioquímica, porque aunque esos conceptos están vinculados con todo, desde la organización enzimática hasta la biología molecular, la disciplina de la bioquímica ya tenía una teoría explicativa y predictiva propia. Me refiero a esta misma idea en relación a la ingeniería en la primera nota de este texto.

[8] Me viene a la memoria el trabajo del grupo de Nicholas Negroponte.

[9] Por ejemplo, el proyecto de coloquio de móviles y el sistema musicolor: *A comment, a case study and a plan in computer art*, de Jaisa Reichardt.

[10] Las nociones cibernéticas planteadas en este artículo se tratan en: Pask, Gordon, *An approach to cybernetics*, Hutchinson, Londres, 1961 y, de una forma un tanto más ligera, en "My predictions for 1984", en *Prospect*, The Schweppes Book of the New Generation, Hutchinson, Londres, 1962.

Un modelo natural para la arquitectura. La naturaleza del modelo evolutivo

John Frazer

1995

Modelos naturales y artificiales

La modelización de los procesos naturales complejos requiere ordenadores, y no es una coincidencia que el desarrollo de la informática se haya visto significativamente conformado por la construcción de modelos computacionales para simular procesos naturales. Alan Turing, quien jugó un papel clave en el desarrollo del concepto del ordenador (la Máquina de Turing), estaba interesado en la morfología y la simulación de procesos morfológicos mediante modelos matemáticos informatizados. La hipótesis Church/Turing afirmaba que la Máquina de Turing podría reproducir no sólo las funciones de las máquinas de cálculo, sino también las de la naturaleza. Von Neumann, la otra figura clave en el desarrollo del ordenador, se propuso explícitamente crear una teoría que incluyera tanto las biologías naturales como las artificiales, partiendo de la premisa de que la información era la base de la vida.

Un ejemplo significativo de esta doble aproximación en términos de nuestro modelo genético es el estudio de John Holland *Adaptation in natural and artificial systems*.[1] Holland empieza buscando aquello común a los diferentes problemas de optimización en relación a la complejidad y la incertidumbre. Sus ejemplos de sistemas naturales y artificiales abarcan preguntas muy diversas, desde "¿Cómo produce la evolución organismos cada vez más adaptados en entornos sumamente inestables?" hasta "¿Qué tipo de plan económico puede mejorar el comportamiento de una economía, a pesar de que los datos económicos relevantes y las mediciones públicas se deben obtener a medida en que se desarrolla la economía?"

Frazer, John, "A natural model for architecture. The nature of the evolutionary body", en Spiller, Neil (ed.), *Cyber reader: Critical writings for the digital era*, Phaidon, Londres/Nueva York, 2002, págs. 246-253.

Aunque Holland sugiere que tales problemas no tienen un nombre colectivo, parecen compartir una preocupación común por cuestiones de adaptación. Se producen en puntos críticos de campos tan diversos como la evolución, la ecología, la psicología, la planificación económica, el control, la inteligencia artificial, el cálculo, el muestreo y la deducción informáticos; a esta lista debemos añadir ahora la arquitectura.

La naturaleza del modelo evolutivo

El modelo evolutivo requiere un concepto arquitectónico para que pueda ser descrito en forma de "código genético". Un programa informático muta y desarrolla este código en una serie de modelos que responden a un entorno simulado. Más tarde se evalúan los modelos en dicho entorno y se utiliza el código de aquellos que funcionan bien para repetir el ciclo hasta que se selecciona un estado particular de desarrollo que genere un prototipo en el mundo real. Se espera que a corto plazo el prototipo real sea capaz de producir respuestas interactivas con el entorno cambiante, pero eso no es esencial en el modelo teórico.

Para conseguir el modelo evolutivo es necesario definir lo siguiente: un guión del código genético, normas para el desarrollo del código, traducción del código a un modelo virtual, la naturaleza del entorno para el desarrollo del modelo y, sobre todo, los criterios de selección.

También se recomienda que el concepto esté basado en el proceso; es decir, en reglas generadoras de forma que no consistan en componentes sino en procesos. Se propone que el sistema sea jerárquico, de manera que un proceso dirija al siguiente. Del mismo modo, debería lograrse que las formas y tecnologías complejas evolucionaran jerárquicamente a partir de formas y tecnologías sencillas.

Descripción generativa

Para crear una descripción genética, primero es necesario desarrollar un concepto arquitectónico de una forma genérica y universal que pueda expresarse en una variedad de estructuras y configuraciones espaciales que respondan a distintos entornos. Muchos arquitectos ya trabajan de este modo, utilizando un conjunto de estrategias personales que adaptan a circunstancias particulares de proyecto. A menudo, dichas estrategias son marcadas y sistemáticas hasta el punto de que los proyectos de algunos arquitectos pueden reconocerse instantáneamente. Todo lo que se requiere es que esa aproximación genérica sea explícita y suficientemente rigurosa para ser codificada.

El proceso que se está describiendo tiene claros paralelismos con la forma en que muchos proyectos conscientes tienen lugar; también es similar a la forma en que muchos arquetipos vernáculos y prototipos de éxito se han desarrollado y adaptado a diferentes emplazamientos, entornos y requerimientos singulares.

Sin embargo, no se propone una vuelta a las formas de edificación vernáculas, puesto que tal tradición ya no puede responder a los requerimientos de la vida urbana contemporánea. Tampoco podemos adelantar los procesos evolutivos mediante la construcción y evaluación de prototipos a escala real, tal como se hacía en el pasado, por ejemplo, para la construcción de las catedrales góticas. Eso llevaría demasiado tiempo e implicaría costes inaceptables, tanto en términos económicos como, en el caso de fallo estructural, de vidas humanas.

Modelización por ordenador y simulación

Proponemos que el prototipo y la retroalimentación expresados en la arquitectura vernácula mediante la construcción real sean reemplazados por la modelización informática y la simulación. En la actualidad, el modelado informático tiende a producirse después de que el diseño esté prácticamente completo y de ello sólo resultan modificaciones menores. Es poco frecuente encontrar el tipo de modelización "¿y si...?" que suele utilizarse en el campo de la economía, por varias razones. La introducción de datos para un edificio completamente proyectado lleva tiempo y es cara, y la modelización requerida para la evaluación ambiental no es aún necesariamente compatible con la requerida para la producción de dibujos de trabajo. Una vez el modelo se ha cargado en el ordenador, sólo pueden hacerse algunos tipos de alteración con facilidad. A pesar de las promesas de los vendedores de CAD, la verdad es que no resulta generalmente fácil realizar cambios, al menos no del tipo que ayudaría a desarrollar estrategias alternativas. Una posibilidad sería disponer de sistemas de modelización que permitiesen alguna forma de evaluación en una fase temprana de "bocetos". Por desgracia, a pesar de una inversión sustancial, todavía no existe un *software* capaz de hacerlo, en gran parte debido a una mala comprensión de la función del boceto o de los garabatos preliminares del proyecto. Además, los valores del proyecto arquitectónico son adversos a la evaluación y el desarrollo comparativo y sistemático del proyecto. Los proyectistas tienden a confiar en su idea preconcebida intuitiva, modificándola más tarde para que "funcione", entendiendo a menudo "funcionar" en un sentido más místico que funcional.

Resulta irónico que los modos fijados de representación y abstracción de la forma construida que se desarrollaron dentro de las limitaciones de la mesa de dibujo y las técnicas de la geometría descriptiva hayan tenido que trasladarse tan directamente al ordenador. Las formas geométricas podrían haber seguido siendo plásticas y fluidas en el ordenador en lugar de haber devenido más rígidas.

Necesitamos encontrar una alternativa a nuestra obsesión, heredada de la mesa de dibujo, por las formas fijadas, y parece que tendremos que pensar en términos de lenguaje, de un vocabulario o una sintaxis. Al hacerlo no nos referimos al tipo de aproximación simplista que se basa en el uso de grandes elementos configurables y sus correspondientes gramática formal o sintaxis espacial. No nos referimos a los infinitos ejercicios permutativos que adoran los teóricos del ordenador y que pueden producir, por ejemplo, todos los planos de Andrea Palladio (y unos cuantos nuevos más) tras concebir una, digámoslo así, sintaxis palladiana.

Adaptación iterativa

Proponemos una metodología alternativa, en la que el modelo se adapte repetidamente en el ordenador respondiendo a la retroalimentación a partir de la evaluación. Con el fin de producir estos cambios significativos en la base de datos, resulta fundamental disponer de nuevas formas de estructura de datos con un mejor entendimiento de las relaciones lógicas inherentes al modelo de edificio. Experimenté por primera vez con una estructura de datos especial en el sistema Reptile en 1968, pero la estructura era específica para las normas y la geometría de un sistema estructural. Lo que ahora proponemos es una técnica aplicable a un amplio abanico de conceptos arquitectónicos y geometrías, todas ellas concebidas como sistemas generativos susceptibles de desarrollo y evolución, todas ellas en posesión de esa calidad que Viollet-le-Duc caracterizaba como "estilo": "la manifestación de un ideal establecido sobre un principio".

Codificación de datos

Una vez descrito el concepto en términos de normas generativas, el siguiente paso es codificarlo en términos genéticos. La idea de codificación puede ilustrarse con la codificación de esquemas de planta y dimensionado general de edificios de Lionel March, un método más convencional y compacto que el nuestro, pero, por descontado, las intenciones de March son muy distintas. Por ejemplo, la planta de la casa Minimum (1926) de Le Corbusier se codifica en sistema hexadecimal —es decir, contando en base 16, -0, 1, 2... 9, A, B, C, D, E, F—, de manera que la planta se expresa como FF803F71180EFE033F, una expresión que puede extenderse en sistema binario, donde cada dígito hexa se traduce a una secuencia de 4 bits (7 a 0111, E a 1110, etc.). Después se agrupa en bloques de 9 bits listos para desdoblarse en una matriz de 9 por 9. Cada unidad de esta matriz se traslada a una célula de un diagrama de Venn (una técnica del álgebra booleana para expresar operaciones lógicas diagramáticamente). El diagrama finalmente se transforma métricamente para convertirse en el plano correctamente dimensionado. De un modo similar, la forma tridimensional general del edificio Seagram (1958-1960) de Mies van der Rohe puede codificarse como 10083EFE0F00. Podrá parecer complicado, pero la codificación resulta muy económica y algunos de los elementos de este sistema están implícitos en las estructuras de datos invisibles de cualquier sistema de modelización informático.

Criterios para el éxito

Para que funcione la selección natural, deben satisfacerse algunos criterios.

- La información genética debe repetirse con precisión.
- Debe existir la oportunidad de generar variedad y mutación (normalmente se consigue mediante el cruce genético y pequeños errores casuales en el copiado genético).
- Cualquier variación debe ser también susceptible de reproducción y, ocasionalmente, debe conferir ventajas potenciales al expresarse como fenotipo.
- Debe producirse una sobreproducción masiva de fenotipos.
- Debe producirse una rivalidad genética en entornos particulares (antes de la repetición del código genético).

Para satisfacer las leyes de la evolución natural, no es necesario disponer de un organismo vivo. Todos los criterios de éxito presentes en un sistema natural en desarrollo se reflejan en nuestro modelo evolutivo artificial. La información genética en forma de código informático se reproduce por sus equivalentes para producir cruces y mutaciones. Los fenotipos en forma de modelos virtuales se desarrollan en entornos simulados; se compara su funcionamiento, se realiza una selección de los códigos genéticos apropiados y después ésta se replica de una manera cíclica.

Se ha hecho hincapié anteriormente en que el ADN no describe al fenotipo, sino que constituye *la instrucción que describe el proceso de construcción del fenotipo*, incluyendo las instrucciones para la construcción de todos los materiales, su procesado y ensamblaje, lo que comprende también la fabricación de enzimas para la producción de nucleótidos más instrucciones para la división y diferenciación celulares. Todos estos elementos reaccionan en el entorno a medida que éste evoluciona y son capaces de modificarse respondiendo a condiciones como la disponibilidad de recursos alimenticios, etc. Los genes no están ahí por las formas, sino por la química y, por analogía, nuestro modelo describe procesos más que formas. Este procedimiento es ambientalmente sensible. Las normas son constantes, pero el resultado varía en función de los materiales o las condiciones ambientales. Nuestra intención final es que el proceso generativo de formas llegue a ser parte del sistema pero, de momento, nuestro modelo funciona en la descripción de los procesos de tratamiento y ensamblaje de materiales. El procesado y el ensamblaje reales son externos al modelo.

Para decirlo de manera sencilla, lo que estamos desarrollando son las reglas para la generación de la forma más que las formas en sí. Describimos procesos, no componentes; nuestra aproximación es más de paquete de semillas que de bolsa de ladrillos.

El arquitecto ampliado

La aproximación descrita hasta ahora implica algunos cambios en los métodos de trabajo de los arquitectos. La aproximación genérica ya adoptada por muchos proyectistas tiene que hacerse explícita, rigurosa, y afirmarse en términos que permitan expresar un concepto en código genético. En un caso ideal, el ordenador podría deducir esta información de los métodos de trabajo normales sin que fuera necesario ejercer cambios conscientes. Los arquitectos deben ser claros sobre los criterios de evaluación de una idea y prepararse para aceptar la participación del cliente y del usuario en el proceso. La responsabilidad del diseño se convierte en un compromiso de concepto general con detalles incluidos, pero sin manifestación individual. En general, el papel del arquitecto se ve enfatizado más que mermado, pues se hace posible trabajar con mayor cantidad de nuevos diseños en comparación con los que podrían ser supervisados individualmente, y conseguir un nivel de sofisticación y complejidad más allá de la capacidad económica de un despacho normal. El corolario evidente de todo ello es una disminución de la necesidad de arquitectos en el proceso de generación inicial, y, aunque seguirían siendo necesarios un gran número de arquitectos para garantizar un fondo común rico de ideas, el papel de la masa de imitadores sería realizado de forma más eficiente por la máquina. En este nuevo contexto, los arquitectos podrían adquirir un papel más cercano al de un fenotipo ampliado, por eso sugiero la denominación "arquitecto ampliado".

La siguiente fase

El proyecto de cinco años siguió a años de investigación de fondo dedicada a formular la teoría general, al diseño de las herramientas y a la comprobación de partes de la idea. En el curso de los trabajos recientes hemos producido más instrumentos y experimentos, pero nuestro objetivo principal ha sido desarrollar un modelo teórico coherente, que creemos haber conseguido; nuestra intención es incorporar en éste todo la información orientada a los procesos generada por nuestro trabajo tanto en la Architectural Association como en la Technical Research Division de Cambridge University, lo que nos permitirá externalizar el modelo teórico en términos de proposiciones constructivas específicas que puedan probarse, evaluarse y criticarse. El modelo ambiental debe desarrollarse para proporcionar otro modelo completo de evaluación y comprobación. Necesitamos, sobre todo, comprobar el modelo conceptual mismo introduciendo semillas y verificando los resultados en situaciones específicas.

Nuestro objetivo a largo plazo es la incorporación literal de los procesos edificatorios en el modelo, o tal vez el modelo en los propios materiales de construcción, de manera que se autoconstruyan las estructuras resultantes. Eso podría conseguirse mediante ingeniería molecular, mediante la aplicación de nanotecnología o tal vez por ingeniería genética de formas vegetales u organismos vivos que produzcan formas apropiadas para ser habitadas por humanos como fenotipos ampliados. Frei Otto ha sugerido estructuras crecientes. Rudolph Doernach y William Katavolos imaginaban estructuras orgánicas que se erigían desde reacciones químicas. Alvy Ray Smith visionaba edificios que nacían de un huevo-ladrillo único. Charles Jencks se refería a escenas de *Barbarella*[2] en las que se mostraba la aparición de formas humanas y vegetales. El último número de la revista *Archigram* contenía un paquete de semillas de David Greene. A corto plazo, la idea de hacer crecer edificios no parece muy viable, pero el autoensamblaje sí puede conseguirse.

Esperamos, mientras tanto, proceder a una puesta en práctica de estas ideas, de forma jerarquizada y evolutiva, desarrollando cuerpos orgánicos multifuncionales a partir de células monofuncionales. Esperamos una forma de revolución genética, igual que Alexander Graham Cairns-Smith previó la sustitución de replicadores minerales por desarrollos progresivamente más sofisticados. El dinosaurio del sistema Reptile evoluciona hacia organismos más complejos.

Características de la nueva arquitectura

En los sistemas que hemos estado describiendo, el comportamiento global es una propiedad emergente a menudo no dirigida por reglas locales. De igual forma, la arquitectura emergente será libre. Es tentador mostrar ejemplos o simulaciones de lo que podrá ser la nueva arquitectura, pero en este momento debe hacerse énfasis sobre el proceso, para mantener la universalidad del modelo. El propio modelo, junto con sus procesos evolutivos y descriptivos, resultará en una arquitectura dirigida por el proceso. Nuestra arquitectura es una propiedad del proceso de organización de la materia, en lugar de una propiedad de la materia así organizada. Nuestro modelo es, en cualquier momento, la expresión de un equilibrio entre el desarrollo endógeno del concepto arquitectónico y las influencias exógenas ejercidas por el entorno.

Arquitectura evolutiva

Una arquitectura evolutiva mostrará metabolismo. Disfrutará de una relación termodinámica abierta con el entrono, tanto en sentido metabólico como socioeconómico. Mantendrá la estabilidad con el entorno mediante interacciones de retroalimentación negativa y promoverá la evolución mediante la retroalimentación positiva. Conservará la información gracias a procesos de autoconocimiento, autocatálisis y comportamiento emergente para generar nuevas formas y estructuras. Se implicará en el reajuste de puntos de discontinuidad en el sistema socioeconómico por mediación de la retroalimentación positiva. Ello redundará en significativos avances tecnológicos de nuestra habilidad para intervenir en el entorno. No una imagen estática del ser, sino una imagen dinámica del devenir y el desdoblarse; una analogía directa de la descripción del mundo natural.

¿Una forma de vida artificial?

Nuestro modelo derivará orden de su entorno y será controlado por una relación simbiótica entre sus habitantes y el entorno. Conoce las instrucciones codificadas para su propio desarrollo y es, por tanto, en un sentido limitado, consciente. Puede anticipar el resultado de sus acciones y, por ello, puede decirse que tiene cierta inteligencia. Todas las partes del modelo cooperan y en ese sentido puede considerarse un organismo, pero sólo existirá plenamente como tal si es miembro de un sistema evolutivo o conjunto de organismos que interactúan entre sí y a la vez con el entorno. Nuestra nueva arquitectura surgirá en los mismos márgenes del caos, allí donde aparecen todas las cosas vivas, e inevitablemente compartirá algunas características con las formas de vida primitivas. Y de ese caos surgirá el orden: no un orden particular, peculiar, extraño o artificioso, sino genérico, típico, natural, fundamental e inevitable; el orden de la vida.

---

[1] Holland, John, *Adaptation in natural and artificial systems: An introductory analysis with applications to biology, control, and artificial intelligence*, University of Michigan Press, Ann Arbor, 1975.

[2] *Barbarella*, película dirigida por Roger Vadim en 1968.

Velocidades terminales: el ordenador en el estudio de diseño

Stan Allen

1995

> *Oh but its not the fall*
> *that hurts him at all—*
> *It's that sudden stop.*[1]

Parece que durante los ardientes meses de verano neoyorquinos los gatos empiezan a caer, o a tirarse, por las ventanas. Nadie sabe muy bien por qué, pero los investigadores que estudian el fenómeno han descubierto un curioso comportamiento. Si un gato cae desde una altura de una o dos plantas tiene bastantes probabilidades de aterrizar sano y salvo, mientras que si cae desde una altura de entre tres y seis plantas es improbable que sobreviva. No obstante, sucede algo inesperado cuando cae desde más de seis plantas. Parece ser que con un tiempo de vuelo adicional, el gato puede colocarse en la posición correcta y relajarse totalmente, lo que le permite adquirir la elasticidad necesaria para sobrevivir. Por encima de quince plantas, las probabilidades de supervivencia se reducen de nuevo: demasiado tiempo en el aire y el gato alcanza una velocidad terminal.

La velocidad es consustancial a la retórica del ordenador. Mejor cuanto más grande, pero mejor aún cuanto más rápido.[2] En los programas de creación de imagen y animación avanzados, por ejemplo, es la velocidad de procesamiento y no el espacio de disco lo que representa el factor limitador. Un tema clave como el ancho de banda adquiere importancia en relación con los tiempos de transmisión electrónicos. Los ordenadores personales y los portátiles ya funcionan a velocidades impensables desde

Allen, Stan, "Terminal velocities: The computer in the design studio", en *Practice: Architecture, technique and representation (Critical voices in art, theory & culture)*, Routledge, Londres, 2000, págs. 242-245. Versión revisada por el autor en 2008.

hace pocos años. Por ejemplo, Big Blue, el ordenador de IBM para ajedrez, puede analizar doscientos millones de movimientos por segundo.[3] Las unidades centrales de los supercomputadores y el procesamiento paralelo prometen velocidades aún mayores. Todo esto tiene que ver en parte con cuestiones de marketing y eficacia. El inmenso gasto económico en el desarrollo de *software* y la puesta en práctica a gran escala de los sistemas de diseño asistido por ordenador (CAD) en el diseño y la producción habrían sido imposibles sin unas mejoras considerables de la velocidad y de la productividad. Un mismo impulso taylorizador en el trabajo de la modernidad reciente —la eliminación de métodos de trabajo obsoletos e ineficientes— puede apreciarse todavía hoy.

Sin embargo, en las ficciones retóricas digitales la velocidad aporta algo más: un futuro que no sólo aparece más plenamente integrado con la tecnología, sino que representa la promesa de recuperar lo que anteriormente había destruido la modernidad. Se reivindica la recuperación de la comunidad, de la propia identidad, del espacio político, de los oficios precisos y del carácter local.[4] A su vez, la retórica de la accesibilidad depende de la capacidad del ordenador de simular la realidad, y es la velocidad lo que garantiza una continuidad sin rupturas (y, por tanto, el realismo) de esas nuevas simulaciones. Pero entre la promesa de un futuro digital y las realidades del presente existen preguntas complejas que exigen respuesta. En *Pure war*,[5] Paul Virilio ha expresado su escepticismo sobre el *agotamiento* del tiempo a medida que las tecnologías de la velocidad ocupan todos los ámbitos: "Ahí está, de nuevo, la misma ideología ilusoria de que cuando el mundo se reduzca a nada y lo tengamos todo a mano seremos infinitamente felices. Yo creo que es justo al revés —y eso ya se ha probado—, que seremos infinitamente infelices porque habremos perdido el auténtico lugar de la libertad, que es la extensión".[6]

El control y la concentración son los compañeros inevitables de esos nuevos regímenes tecnocráticos: "El campo de la libertad se reduce con la velocidad. Y la velocidad necesita un campo. Cuando ya no quede campo nuestras vidas serán como una *terminal*, una máquina cuyas puertas se abren y se cierran".[7]

Paul Virilio distingue entre la velocidad *metabólica* —la de los seres vivos, el tiempo de reacción— y la velocidad *tecnológica*, la velocidad artificial de las máquinas. Lo que diferencia significativamente a las tecnologías recientes de las de la modernidad —el avión, el telégrafo o el automóvil— es un desdibujamiento de la frontera entre la velocidad tecnológica y la metabólica. La velocidad de ordenador es microvelocidad, invisible mientras opera, visible sólo como efecto. Con el ordenador, la velocidad tecnológica se acerca a la metabólica. Los algoritmos genéticos pueden simular cientos de miles de años de evolución en pocos minutos; los programas de vida artificial aportan capacidad de respuesta y adaptabilidad al entorno tecnológico. Pero la cuestión no es tan sólo cuantitativa. Para Virilio, lo que distingue a la velocidad metabólica es su *inconsistencia*: "Lo que está vivo, presente, consciente, aquí, sólo lo está porque se producen infinidad de pequeñas muertes, pequeños accidentes, pequeños cortes".[8] Es a través de esas interrupciones como se reconstituye el campo; no como una continuidad sin rupturas, sino a través de un cambio de escala, una textura de grano fino que permite la conexión local y la continuidad; un orden que acepta la discontinuidad y la diferencia sin codificarlas como fracturas catastróficas. De ese modo, como señala Sylvère Lotringer (el interlocutor de Paul Virilio en *Pure war*): "En la tecnología de la velocidad no todo es negativo. La velocidad, y ese accidente, esa interrupción que supone la caída, tienen algo que enseñarnos acerca de la naturaleza de nuestros cuerpos y el funcionamiento de nuestras conciencias".[9]

¿Qué se juega la arquitectura en todo esto? En el estudio de diseño el ordenador provoca tanto reivindicaciones extravagantes como altos niveles de ansiedad. Como sucedía con los gatos que se precipitaban en el tórrido vacío del verano, cabe preguntarse si existe una oportunidad entre un estado inicial de consternación o confusión y la "velocidad terminal" definitiva. La tecnología, nos recuerda Michel Foucault, es antes social que técnica. Más allá de las cuestiones de la virtualidad y de la cultura de la información, estas nuevas tecnologías han tenido efectos muy concretos en los espacios de la ciudad. El trabajo a distancia y la oficina en casa modifican las estructuras de lo doméstico. El cableado de los espacios de trabajo ha creado guetos en la parte de atrás de las oficinas, vastos almacenes de operadores informáticos segregados de los centros de poder corporativo. Ello ha posibilitado la externalización del trabajo de oficina, cambiando los oficios globales. Contradiciendo la reivindicación teórica de la descentralización y la nivelación de la jerarquía creada por la accesibilidad a la información, Saskia Sassen ha señalado que, para hacer circular la información en una red deslocalizada, ésta debe estar consolidada primero, ya que, paradójicamente, las tecnologías que en teoría iban a permitir el acceso libre conducen a una nueva centralización del poder.[10] Se trata de temas que es necesario abordar urgentemente. Pero si la arquitectura no tiene intención de abandonar su instrumentalidad específica —que reposa principalmente en el mundo de los objetos y no en el de la información—, es necesario observar con mayor atención los paradigmas y los protocolos que se están llevando a cabo con los ordenadores del estudio de diseño. Precisamente, con el fin de trabajar con mayor eficiencia al nivel de los temas sociales y urbanos mencionados anteriormente, la arquitectura necesita ser capaz de aprovechar plenamente los nuevos instrumentos de la tecnología informática. Eso implicaría, de forma específica, no entender el ordenador en términos utópicos (dando la espalda a los hechos y a la realidad), sino en términos más pragmáticos: articulando un juego más complejo entre lo real y lo virtual.

En consecuencia, resulta legítimo mostrar cierto escepticismo tanto respecto al impulso tecnocrático en aras de la producción eficiente, como respecto a la vaga promesa de un futuro utópico. No obstante, el simple rechazo o la resistencia no son suficientes. Se requiere también un programa positivo, capaz de rehacer los hábitos mentales de la arquitectura y de reelaborar sus patrones de funcionamiento, que podría empezar con una investigación especulativa y no finalista sobre las posibilidades y potencialidades de estas nuevas tecnologías en el seno de las demandas específicas de la arquitectura como disciplina. El teórico mediático Friedrich A. Kittler ha señalado que la tecnología digital convierte a muchos medios distintos —sonido, imágenes o texto— en un código binario general y, en consecuencia, cada medio pierde su especificidad material. "La digitalización general de la información y sus canales borra la diferencia entre cada uno de los medios de comunicación. Sonido e imagen, voz y texto, se han convertido en meros efectos superficiales o, mejor dicho, en una interfaz para el consumidor."[11] El texto ya no aparece asociado exclusivamente al libro, el sonido al disco de vinilo ni la fotografía al celuloide y las emulsiones de plata; todo se ha convertido en bits abstractos, almacenados en una caja negra y accesibles a través de una interfaz electrónica. Esta idea y otras parecidas han llevado a cierto número de teóricos e historiadores a empezar a considerar la arquitectura como un medio más. La arquitectura vuelve a pensarse por analogía con la cultura de la información y los protocolos de los medios de comunicación; es decir, en términos de publicidad, audiencia, imagen y significado, como "meros efectos superficiales", por utilizar la frase del propio Kittler. Sin embargo, estas teorías de la arquitectura como medio de comunicación han servido de bien poco en el desarrollo de nuevas estrategias de trabajo que integren las nuevas capacidades de la tecnología digital en la práctica del diseño. Al considerar la arquitectura según criterios mediáticos, algo de su especificidad, como práctica operativa y como presencia material en el mundo, se pierde. Las tecnologías de diseño por ordenador, en cambio, acentúan el carácter transaccional de estas nuevas técnicas; es decir, su capacidad de negociar entre el mundo abstracto de los instrumentos de diseño arquitectónicos y el propio carácter real de la arquitectura como parte del mundo físico, que todavía se resiste a la tendencia hacia una "digitalización general". Para llegar a alguna parte con estas nuevas tecnologías, es necesario ir más allá de la interfaz.

Por tanto, es importante no perder de vista la instrumentalidad del ordenador. El ordenador no es "una herramienta más", pero sigue siendo una herramienta, un instrumento con capacidades, limitaciones y posibilidades muy específicas. ¿Cuáles son las oportunidades específicas de las nuevas modalidades de descripción geométrica, de modelado espacial, de simulación de funciones y programas, de generación de sistemas formales y organizativos o de creación rápida de prototipos? A continuación, podría abordarse una reevaluación cuidadosa de las implicaciones de estas nuevas herramientas en su contexto conceptual y teórico. Al cuestionar la retórica de lo nuevo se hace posible reconsiderar tanto la nueva tecnología como los paradigmas de orden, de la geometría y de la organización persistentes en la arquitectura. A pesar de todo su atractivo literario, la opción contestataria no resulta muy interesante finalmente. No podemos "quedarnos fuera" de la tecnología: toda crítica debe desarrollarse necesariamente desde dentro. Lo que se necesita es pasar a estar tan profundamente familiarizado con la tecnología que sea posible ir más allá de la retórica, tanto a favor como en contra. Deben cultivarse la interrupción y el accidente; los sistemas de *software* deben utilizarse contra sus principios. Los protocolos establecidos deben retorcerse.[12]

Primera hipótesis: abstracciones condicionales

Uno de los aspectos curiosos de la tecnología digital es la puesta en valor de un nuevo realismo. De los efectos especiales de Hollywood a los *renders* de arquitectura, el éxito de la nueva tecnología se mide por su capacidad para representar una "realidad" sin mácula. Incluso se ha estado utilizando la denominada "realidad virtual" no tanto para crear realidades alternativas, como para replicar aquellas que ya existen. En arquitectura eso se pone de manifiesto en la proliferación de técnicas de "visualización". En este caso, la premisa es que si la tecnología informática puede crear simulaciones cada vez más realistas (*renders* fotorrealistas, itinerarios simulados o vuelos virtuales por los edificios propuestos), los errores de diseño serán eliminados. Lo que no se tiene en cuenta es que la realidad simulada está completamente mediatizada por las convenciones visuales de medios ya existentes, sobre todo el cine y la fotografía. Se da por bueno un *render* de un edificio si se parece lo suficiente a una *foto* del edificio y las animaciones simulan las convenciones del cine popular.

Este movimiento hacia las convenciones del realismo también se pone de manifiesto en el día a día del uso del ordenador en el estudio de diseño. Los programas de CAD han facilitado dos importantes cambios en el ejercicio del diseño, que aún deben ser evaluados críticamente. El primero es el uso renovado de las perspectivas, que antiguamente se tenían que dibujar laboriosamente a mano, pero que ahora se generan sin esfuerzo. El segundo es el uso del color. En el ordenador, el color o bien es extravagantemente falso o bien intenta simular representaciones fotográficas a través de sofisticados programas de *rendering* que incluyen los reflejos, la transparencia o la aplicación de texturas superficiales. En ambos casos, la facilidad para conseguir efectos seductores sigue desbordando cualquier intento de cuestionar la relación entre los medios de representación y la instrumentalidad arquitectónica.

La incontestable aceptación del ordenador como herramienta de visualización viene claramente impuesta por el mercado y responde a la necesidad del cliente de conocer el aspecto del edificio antes de gastarse dinero en su construcción. Sin embargo, como concepto, la ideología de la visualización es naif hasta el punto de resultar totalmente ilusoria y, como tal, resulta también sospechosa como práctica profesional. Su trayectoria no va desde la imagen a la realidad, sino desde la imagen a la imagen. La visualización ha limitado la utilidad instrumental. No trabaja para transformar la realidad, sólo para reproducirla. Puesto que se ocupan exclusivamente del aspecto de las cosas, las técnicas de visualización sobreacentúan la forma y la apariencia. El tiempo, el acontecimiento y el programa no pueden tratarse mediante técnicas de visualización. Desde el punto de vista de la percepción, las técnicas de visualización asumen que en la experiencia arquitectónica entra en juego un espectro muy estrecho de los mecanismos perceptuales: una visión como la de una cámara en un túnel que ignora la fluidez del ojo y la complejidad de la visión periférica, por no mencionar el resto de sentidos. Como señalaba Brian Eno: "Me pregunto qué es lo que me revienta de todo esto. Me revienta que utilice muy poco de mi cuerpo. Te sientas ahí y resulta bastante aburrido. Tienes ese estúpido ratoncito que sólo utiliza una mano y los ojos. Eso es todo".[13]

Pero lo que es más significativo es que estas técnicas de visualización ignoran lo que ha dado a la representación arquitectónica su particular poder de conceptualización; es decir, su necesario grado de abstracción, la distancia interpuesta entre el objeto y su representación. El diseño no opera exclusivamente sobre la base de la semejanza, sino sobre la base de códigos abstractos y una compleja instrumentalidad. La arquitectura supone una transformación de la realidad, pero un arquitecto que intente trabajar directamente con la realidad se verá paralizado. La imparcialidad de los códigos de representación arquitectónicos permite al diseñador experimentar con relativa libertad. Sin embargo, la abstracción es más que un recurso. Al trabajar con los materiales abstractos del número, de la proporción o del intervalo, el arquitecto puede estructurar relaciones internas y moverse sin problemas entre lo visible y lo invisible. Surge la invención y, paradójicamente, se produce una apariencia más compleja que si la apariencia fuera el punto de partida. Por analogía con la notación musical, un compositor que tuviera a mano todos los sonidos posibles de una orquesta (como es posible con los modernos equipos de *sampling*) seguiría necesitando la abstracción de una partitura para organizar y estructurar su trabajo. La visualización supone que la abstracción es un *handicap* que hay que superar, e intenta llevar al diseñador más y más cerca de la "realidad". Sin embargo, al hacerlo no es consciente de que la realidad a la que se aproxima es, en sí mima, otra convención visual. Para obtener un beneficio marginal, se deja de lado una poderosa herramienta operativa y conceptual.

A menudo se evoca la historia de Dibutades como explicación de los orígenes del dibujo.[14] La hija de un pastor corintio traza la sombra de la cabeza de su amante, que ha de partir, para conservar su recuerdo. El dibujo es un sustituto, un registro parcial del objeto ausente y deseado. Esta historia de los orígenes del dibujo es coherente con las teorías clásicas de la mímesis, pero problemática desde el punto de vista de la arquitectura. En arquitectura el objeto no precede a su representación en el dibujo. El edificio se imagina y se construye a partir de *representaciones parciales acumuladas*. Tal como se codifica en los sistemas de dibujo mecánico, se imagina que el objeto existe dentro de una caja transparente, la materialización de un sistema cartesiano de coordenadas. En las superficies de la caja se registra el trazado de las líneas de proyección ortogonal; la intersección del sistema de proyección paralela con las caras transparentes de la caja. Tradicionalmente el arquitecto trabaja en las superficies bidimensionales de esta caja, no en el propio objeto. El proyecto arquitectónico es una construcción virtual, un conjunto creado por partes abstractas interpretadas y combinadas según unas convenciones de proyección y representación.

Ahora el ordenador destruye las representaciones bidimensionales del arquitecto e incrementa a la vez la distancia entre éstas y la realidad tridimensional del edificio. El vector de la representación se invierte; la caja de vidrio se vuelve de dentro hacia fuera. En el modelado por ordenador, el arquitecto trabaja directamente en una representación tridimensional del propio objeto. En el espacio virtual del ordenador es posible avanzar y retroceder rápidamente (o incluso trabajar simultáneamente) desde la proyección bidimensional al objeto tridimensional (por supuesto, interviene un nuevo sistema de proyección/representación, el plano bidimensional de la propia pantalla, pero la facilidad con que puede desplazarse el objeto y moverse dentro de ese espacio consigue suspender provisionalmente su presencia como intermediario). Ese objeto es tanto una serie de proyecciones como una colección de órdenes. En lugar de generar un número finito de representaciones para construir un objeto (ya sea en la mente o en el mundo real), tenemos ya un objeto (formado por gran número de elementos individuales) capaz de generar un número infinito de representaciones de sí mismo.

Como consecuencia, el efecto de trabajar con ordenador se vuelve acumulativo. No se pierde nada. Continuamente se añaden elementos y detalles, se ordenan y se archivan, todo ello en perfecta transparencia. Las partes ya no están necesariamente integradas en el todo. Se puede acceder a cualquier elemento en cualquier momento, independientemente de lo que le haya ocurrido alrededor. En lugar de proceder siempre de lo general a lo particular, el diseñador se mueve del detalle al conjunto y del conjunto al detalle, invirtiendo potencialmente las jerarquías tradicionales del diseño.

El estatus del dibujo, y el propio proceso de diseño a su vez, sufren una transformación. Surge un nuevo tipo de abstracción, una abstracción que no es el resultado final de unas operaciones de idealización o reducción, sino un orden de bits indistinto. Resulta curioso que una de las consecuencias sea la aparición de cierta sensación de casualidad, una paradójica falta de precisión. Las abstracciones informáticas son radicalmente provisionales, están abiertas a revisiones infinitas. Si el poder del ordenador reside en su capacidad para manejar grandes cantidades de información, múltiples variables y códigos abstractos, merece la pena estar atentos a una sensibilidad emergente hacia las representaciones diagramáticas y los paradigmas organizativos imprecisos: una abstracción contingente, "condicional". Al mismo tiempo, eso implica un alejamiento de las falsas certidumbres de la visualización en favor de las capacidades generativas del ordenador como máquina abstracta. El ordenador es un artefacto relacional; opera con el intervalo y la diferencia, ajeno a cuestiones de significado o imagen. Las abstracciones que produce son de distinto orden, no tienden hacia lo universal, como sucedía a principios del siglo xx, sino que, sencillamente, reflejan el carácter cada vez más abstracto de un mundo que ya está completamente inmerso en la tecnología.

No querría presentar todo esto como un dogma, sugiriendo que la esencia ontológica del ordenador es abstracta y que, por tanto, requiere una forma de expresión también abstracta. La abstracción ya no es un imperativo categórico, sino una elección entre tantas. El ordenador es, en cualquier caso, una máquina iterativa, diagramática. Cuando se trabaja con ordenador, parece de sentido común aprovechar plenamente esas propiedades en particular.[15]

Segunda hipótesis: materialidad digital

Tal vez sea obvio, pero vale la pena señalarlo, que cuando nos referimos al ordenador normalmente no hablamos de un único aparato, sino de un ensamblaje de dispositivos. El ordenador en sí mismo resulta inútil. En la mayoría de los casos, además de la máquina calculadora, hay dispositivos de entrada de datos (el teclado, el ratón, la tableta digitalizadora, etc.), dispositivos de visualización (la pantalla) y dispositivos de salida (el plóter, la impresora, etc.). Existe una fuerte tendencia, tanto en arquitectura como en otras disciplinas, a ver el ordenador como parte de un movimiento general desde lo físico a lo virtual: la utopía banal de la oficina sin papel, los mundos virtuales de la red y de Internet, o las vagas promesas de "entornos" interactivos. En esa visión, el ordenador existe principalmente dentro y en medio del tráfico de imágenes e información, conectando en red un dispositivo con otro, interactuando a través de interfaces locales. Ahora ya no cabe duda de que el ordenador es una herramienta increíblemente poderosa que nos permite manipular y vincular imágenes en nuevos despliegues sin precedente. Existe cierta simetría al ver las capacidades operativas del ordenador crecer siempre de ciclo en ciclo a través del mundo de las imágenes.

No obstante, si las mezclas y los híbridos siempre resultan más interesantes que las cosas puras, merece la pena pensar en ampliar las capacidades instrumentales del ordenador al mundo de los objetos. Lo que intento sugerir al introducir un aparente oxímoron como "materialidad digital" es que, en arquitectura, el ordenador se vuelve mucho más interesante cuando se conecta a algún dispositivo que le permite producir algo distinto a una nueva imagen. Con ello me refiero a cosas tan obvias como los dispositivos de salida; el intercambio diario entre la pantalla y el plóter o la impresora, donde se pone de manifiesto el poder especifico del ordenador como máquina de dibujar. Sin embargo, también incluye la generación de prototipos rápidos (la producción de maquetas tridimensionales directamente desde los archivos informáticos), así como el uso de troquelado y la fabricación en el propio proceso de construcción. Considerar estas operaciones permite llevar el debate acerca del ordenador en arquitectura a cuestiones complejas sobre la puesta en práctica y la ejecución y abre importantes posibilidades para la revisión de la práctica profesional.

No se trata aquí de tener las imágenes siempre al alcance de la mano, sino de encontrar una manera que no sea trivial de llevar a la arquitectura esas innovaciones en el terreno de la imagen. Si se confina al ordenador exclusivamente a las operaciones de diseño, siempre intervendrá otro sistema de representación entre la imagen y la realidad. Por ejemplo, si se traducen las formas complejas generadas por el ordenador a los sistemas estandarizados de dimensionado de los planos de obra —interpretados por un constructor y llevados a cabo de manera convencional—, el impacto del ordenador queda en algo exclusivamente formal. Si, en cambio, se integraran las capacidades específicas para la fabricación informatizada en el propio proceso de diseño y de fabricación, se abrirían nuevas posibilidades. Las propiedades del material pasarían a formar parte del proceso de diseño. Se podría proponer una superficie compleja y sus restricciones materiales —las dimensiones máximas de los paneles, por ejemplo, o su capacidad para curvarse o doblarse— podrían introducirse como variables. El mismo sistema que genera la trama sobre la superficie en el proceso de diseño podría utilizarse para dirigir la máquina que ha de cortar tales paneles. El diseño, el cálculo (de cantidades y de esfuerzos mecánicos) y la fabricación estarían vinculados, no necesariamente en perfecta continuidad, como sabrá todo aquel que haya utilizado una troqueladora informatizada, sino en una interacción compleja de variables matemáticas, materiales y de procedimiento. Deberán tenerse en consideración las propiedades del mundo real: las vetas de la madera, la resistencia de la superficie o la esbeltez de una pieza. La secuencia en que se produzcan las operaciones es importante. Si al mismo tiempo se calculan las complejidades logísticas de la puesta en obra, queda claro que no estamos hablando de una propuesta de transición ideal, sino de una mezcla compleja e interesante.

La fabricación digital también puede provocar que se vuelvan a pensar las formulaciones modernas de repetición y estandarización. El movimiento moderno proponía un isomorfismo entre la parte y el todo. Las piezas de un muro cortina, por ejemplo, son productos de una producción en serie industrializada y, por consiguiente, resultan regulares una a una y similares en conjunto. Normalmente se ensamblan según opciones estandarizadas, manteniendo intervalos regulares para producir un todo que repite las características formales de sus partes. La regularidad y las proporciones estandarizadas de las partes se repiten a nivel del conjunto. La introducción de la diferencia en dicho sistema siempre será una *excepción* y resultará difícil justificarla a menos que se haga desde un punto de vista formal o expresivo. Sin embargo, la fabricación digital es indiferente a las formas de la repetición propias de la producción convencional. A una máquina de corte informatizada, calcular y cortar cada pieza de un muro cortina a longitudes diferentes, por ejemplo, no le supone más tiempo que hacerlas todas iguales. En este caso el potencial reside en que la variación puede introducirse en el sistema no como excepción exterior, fragmentando o rompiendo la unidad del todo, sino como variación diferencial de las propias partes. Al introducir una diferencia local que se acumula para crear variación sin destruir la coherencia global, se produce una noción más compleja y fluida del todo.

Tercera hipótesis: la ciudad como "paisaje de información"

Las tecnologías analógicas de producción funcionan con grabados, trazados y transferibles. La imagen puede cambiar de escala o de valor (como en un negativo), pero su forma icónica se mantiene a lo largo del proceso. Las jerarquías internas se ven preservadas. Cuando la imagen se traduce a información digital ocurre un cambio significativo. Interviene un esquema de notación. "La tecnología electrónica digital atomiza y *esquematiza abstractamente* la cualidad analógica de lo fotográfico o cinematográfico en *píxeles* y *bits* de información que se transmiten *en serie*, cada bit es discontinuo, discontiguo y absoluto; cada uno tiene su propia identidad, aunque formen parte de un sistema."[16] Se sustituye un campo de cifras inmateriales por las trazas materiales del objeto. Las jerarquías se distribuyen; se compensan los "valores". Estas cifras sólo se distinguen unas de otras como marcador de posición de un código. No tienen materialidad ni valor intrínseco. Ya en 1921, Viktor Shklovsky anticipó el radical efecto nivelador de la notación matemática. "Obras de arte juguetonas, trágicas, universales o particulares, las oposiciones de un mundo con otro, o de un gato con una piedra, son todas iguales entre sí."[17]

Esta nivelación de los valores tiene implicaciones para el concepto tradicional de fondo/campo, o figura/fondo, tal como se expresa más frecuentemente en arquitectura. En la imagen digital, la información del "fondo" debe estar tan densamente codificada como la del primer plano. El espacio en blanco no es espacio vacío; hay espacio vacío repartido por todo el campo. Si la composición clásica intentaba mantener relaciones claras entre *figura y campo*, que la composición moderna había perturbado mediante la introducción de un complicado juego de *figura contra figura*, ahora, con las tecnologías digitales, tenemos que vérnoslas con las implicaciones de una relación *fondo/fondo*. Aparece implícito un cambio de escala y se hace necesaria una revisión básica de los parámetros compositivos.

El concepto de fondo/figura pertenece a la arquitectura y al urbanismo y se identifica específicamente con las teorías del contextualismo expresadas por Colin Rowe y Fred Koetter en su libro *Ciudad collage*.[18]

Rowe y Koetter apelan a los principios compositivos del *collage* cubista como un mecanismo de producción de diferencias locales en un sistema que permanece estable y legible. El vaivén de los fragmentos del *collage* siempre se verá compensado por las tendencias compositivas globales, creando un todo coherente a partir de fragmentos distintos e individuales. Su instrumento gráfico preferido es el diagrama de fondo y figura, derivado del mapa de Roma de Giambattista Nolli de 1748. El poder del diagrama de fondo/figura reside en que permite destacar la capacidad organizadora del vacío, el espacio público figurado que consigue reunir espacios dispares y construcciones diversas. El mapa de Nolli es un instrumento poderoso, pero deja fuera muchas diferencias: la estructura de las manzanas, las alturas, la tipología, la propiedad del suelo, las infraestructuras, el programa, etc.; en otras palabras, la mayor parte de las variables del urbanismo contemporáneo. En el fondo/figura todos los flujos —de dinero, de materia, de energía— que dirigen la construcción de las ciudades de hoy están ausentes.

El mapa de Nolli registra la textura de una ciudad que ha crecido orgánicamente a lo largo del tiempo. Aunque refleja todas las imperfecciones, irregularidades e inconsistencias que son producto natural de la vida de las ciudades en el tiempo, es tan sólo la instantánea de un momento final. Tiene una utilidad limitada como herramienta para gestionar o predecir estos cambios en el tiempo. En el pensamiento urbanístico reciente, influenciado por la disponibilidad de las herramientas digitales, ha surgido una tendencia alternativa: repensar la ciudad como un "paisaje de información"; es decir, como el lugar de la intersección de múltiples flujos de información, retroalimentación y adaptación en el tiempo. Eso implica nuevos instrumentos gráficos y una forma distinta de pensar las cuestiones de diferencia y continuidad.

La cuestión de la parte y el todo, de la diferencia local y la continuidad global, ha preocupado a la práctica y a la teoría arquitectónicas recientes. Tanto en arquitectura como en urbanismo, la diferencia se ha camuflado en un esfuerzo por reproducir la coherencia imaginada de la ciudad tradicional (teorías de la tipología y del contextualismo), o bien se ha registrado como una violenta discontinuidad (deconstrucción arquitectónica). La idea de un "paisaje de información" se insinúa aquí como una vía de salida en ese debate polarizado, teniendo en cuenta, por un lado, las capacidades específicas de la nueva construcción y, por otro, reconociendo un deseo legítimo de diversidad y coherencia en la ciudad. Una de las lecciones de las teorías contemporáneas de la complejidad y el caos ha sido sugerir más matices en las formas de pensar el problema de la regularidad y de la variabilidad, o de la diferencia y de la coherencia. Estas teorías consideran la diferencia como algo que surge de la propia lógica del sistema y no como una imposición disyuntiva venida de fuera. De hecho, la medida de la robustez de un sistema es precisamente su capacidad para acomodar la diferencia sin llegar al fallo catastrófico.

Los diagramas producidos por el modelo Christaller sugieren otra idea de un paisaje de información. Desarrollados por el geógrafo urbano Walter Christaller en la década de 1930, estos diagramas son simulaciones abstractas del crecimiento económico urbano que ignoran los accidentes a gran escala de la historia o de la geografía, pero que incorporan diferencias de grano fino en forma de múltiples variables y de una retroalimentación no lineal. Demuestran cómo el juego entre las leyes y las casualidades produce configuraciones complejas, aunque predecibles a grandes rasgos, de naturaleza no jerárquica.[19] El conjunto de la ciudad no viene dado de una vez. La ciudad es un lugar de contingencia, una unidad que no está cerrada ni atada, sino que es capaz de transformarse, que está abierta al tiempo y sólo es estable de manera provisional. Si comparamos estas configuraciones a modo de campo con los principios organizativos de la arquitectura clásica, es posible identificar principios contrastados de combinación: uno *algebraico*, que trabaja con unidades numéricas combinadas entre sí, y otro *geométrico*, que trabaja con figuras (líneas, planos, sólidos) organizadas en el espacio para formar conjuntos mayores.[20] En la combinación algebraica, típica de un programa de ordenador, los elementos independientes se disponen en grandes cantidades para formar un todo indeterminado. La sintaxis local es fija, pero no existe un andamiaje geométrico dominante, no hay una envoltura formal predeterminada. Las partes no son fragmentos del todo, sino simplemente partes. A diferencia de la idea de unidad cerrada implícita en la arquitectura clásica occidental, estas combinaciones generadas por ordenador pueden sumarse unas a otras sin experimentar transformaciones morfológicas.

¿Pueden las capacidades específicas de la tecnología informática ayudar a manejar la incipiente complejidad de la urbanística actual? Al trabajar entre el carácter gráfico del campo y el modelo operativo del paisaje de información, las tecnologías digitales hacen posible una nueva aproximación a las ciudades y al urbanismo. El problema de trabajar en la ciudad contemporánea implica en parte una reconsideración de las cuestiones de control. ¿Cómo es posible afrontar la complejidad y la indeterminación de la ciudad mediante las metodologías de una disciplina tradicionalmente comprometida con el control, la separación y el pensamiento unitario? La arquitectura y el urbanismo, alineados históricamente con la racionalidad técnica y dedicados a la producción de relaciones funcionales legibles, han tenido tremendas dificultades para repensar sus papeles fuera del ejercicio del control. Esa situación cada día se pone más de manifiesto, cuando el poder de la arquitectura se ha erosionado en todas partes en manos de un aparato burocrático hipertrófico. En un desesperado intento de supervivencia, la arquitectura y el urbanismo han opuesto simplemente su idea de orden a la idea de caos: planificación contra crecimiento incontrolado. No obstante, ésta es una forma de pensar de suma cero donde la arquitectura sólo puede resultar disminuida en la medida en que renuncia a controlar lo incontrolable. Prosperamos en las ciudades precisamente porque son lugares de lo inesperado, productos de un orden complejo que surgen con el tiempo.

Repensar la ciudad como paisaje de información, reconfigurar los protocolos del urbanismo en torno a la iteración, la retroalimentación y la adaptación —haciendo crecer artificialmente la ciudad en el tiempo—, es un modelo para la integración de las capacidades del ordenador en el trabajo del urbanismo. Sugiere la necesidad de reconocer los límites de la capacidad de la arquitectura para ordenar la ciudad y, al mismo tiempo, de aprender de las complejas leyes de autorregulación que ya están presentes en ella. La atención se dirige a los sistemas de abastecimiento y servicios, una lógica de flujos y vectores. Implica una estrecha atención a las condiciones existentes, reglas cuidadosamente definidas para las relaciones intensivas de escala local y una relativa indiferencia hacia la configuración general. Implica una red de relaciones capaz de acomodar la diferencia, pero lo bastante robusta como para incorporar el cambio sin destruir su coherencia interna. La diferencia —social, espacial o política— no se atenúa tanto como se localiza: se traslada a una escala más perceptible y manejable. Fronteras permeables, relaciones internas flexibles, trayectorias múltiples y jerarquías fluidas son las propiedades formales de dichos sistemas.

Las nuevas tecnologías pueden ofrecer nuevas formas de trabajar con los complejos intercambios de indeterminación *y* de orden en la ciudad. "En su superficie, este lugar parece un *collage*. En realidad, su profundidad es ubicua. Una superposición de lugares heterogéneos", escribe Michel de Certeau. Esas "heterologías" no son arbitrarias e incontroladas, sino más bien están "gestionadas por equilibrios sutiles y compensatorios que silenciosamente garantizan las complementariedades".[21] Como sugieren los diagramas de Christaller y otras teorías contemporáneas, actualmente tenemos modelos disponibles para concebir orden, repetición y tipo, que no necesitan volver a hacer referencia a las nociones tradicionales de jerarquía y simetría. Un paisaje de información implica un nuevo sentido del todo, no limitado y completo (jerárquicamente ordenado y cerrado), sino capaz de transformarse: abierto al tiempo y sólo provisionalmente estable. Reconoce que el conjunto de la ciudad no viene dado de una vez. Consistente en multiplicidades y colectividades, sus partes y piezas son remanentes de órdenes o fragmentos perdidos de totalidades que nunca se han realizado. La arquitectura debe aprender a manejar esa complejidad, algo que, paradójicamente, sólo podrá hacer cediendo cierta cantidad de control. Repensar la ciudad como paisaje de información y aprovecharse de la capacidad del ordenador para modelar el cambio en el tiempo es lo que aquí se propone como un punto de partida provisional y experimental.

[1] "Oh, es que no es la caída / lo que duele, para nada; / es esa súbita parada." Bobby Russell, *Sudden stop*, grabado por Percy Sledge en 1968.

[2] En un repaso casual de un popular medio de información, un número especial sobre tecnología del *The New York Times Magazine* (28 de septiembre de 1997), encontramos las siguientes referencias: "Addicted to speed" ("Adictos a la velocidad"), un artículo de James Gleick; anuncio de Nortel: "La velocidad de la luz contra la de la bala. En 0,0043 segundos se envían las obras completas de William Shakespeare traducidas a 200 idiomas desde Nueva York hasta Omaha, Nebraska, sin saltarse un verso"; comentarios de Patrick Nauton: "Las conexiones de alta velocidad del futuro llevarán 'decididamente el comercio a la red'; el acceso rápido y el vídeo de alta definición erosionarán las diferencias entre navegar por la red y cambiar de canal en la televisión"; "The wizard: Surfing at the speed of light" ("El mago: navegar a la velocidad de la luz", título del artículo del ingeniero Alan Huang, cuya pasión es "hacer que las cosas vayan realmente rápido"; una afirmación del artista Gary Hill: "Es prácticamente un hecho dado que la velocidad, la realidad virtual, la clonación y la inmortalidad son los temas de ahora"; y así sucesivamente. Es curioso que pocas semanas más tarde apareciera en *The New York Times* un artículo titulado "Speed has hit the wall" ("La velocidad se estrella"). Cuando un equipo británico batió el récord de velocidad en tierra (por vez primera se ha traspasado la barrera del sonido con un vehículo terrestre), el articulo señalaba que, aunque en teoría es posible viajar a velocidades cada vez mayores, en realidad el volumen de tráfico ha *ralentizado* las velocidades tanto aéreas como terrestres respecto a décadas anteriores (*The New York Times*, 19 de octubre de 1997, sec. 4, pág. 1). En un contexto arquitectónico más específico, un folleto anuncia un CD-ROM de gráficos con el eslogan "Cambiando la *velocidad* de la arquitectura", e informa de que "Usted puede pasar horas haciendo un dibujo…, o sólo unos minutos" (material promocional del CD-ROM de Architectural Graphic Standards, 1998).

[3] *The New York Times*, 24 de septiembre de 1997 (nota de la edición revisada por el autor en 2008). Las cifras están claramente obsoletas; podemos referirnos a la Ley de Moore, según la cual la velocidad se doblará cada dos años; no obstante, el principio de que la tecnología informática moderna valora la velocidad sobre casi cualquier otra cosa sigue siendo relevante.

[4] Se pueden citar muchos ejemplos en este sentido. Véase, por ejemplo, la recopilación: Benedikt, Michael (ed.), *Cyberspace: First steps*, The Mit Press, Cambridge (Mass.), 1991 (versión castellana: *Ciberespacio: los primeros pasos*, Consejo Nacional de Ciencia y Tecnología de México, Ciudad de México, 1993), así como la reciente aparición de numerosos libros académicos y populares sobre el tema. Scott Bukatman, quien ha acuñado el término *cyberdrool* (ciberbaboseo) para ese tipo de ficción de identidad terminal, cita la observación de Vivian Sobchak sobre la "peculiar cosmología de la contradicción" que vincula "la alta tecnofilia con el animismo *new age*, el espiritualismo, el hedonismo y la conciencia política de guerrilla contracultural de la década de 1960". Bukatman, Scott, *Terminal identity: The virtual subject in postmodern science fiction*, Duke University Press, Durham, 1993, pág. 189.

[5] Virilio, Paul y Lotringer, Sylvère, *Pure war*, Semiotext(e), Nueva York, 1983.

[6] Ibíd., pág. 69.

[7] Ibíd.

[8] Ibíd.

[9] Ibíd., pág. 33.

[10] Sassen, Saskia, "Analytic borderlands: Economy and culture in the global city", en *Columbia Documents of Architecture and Theory*, 3, 1993, pág. 9.

[11] Kittler, Friedrich A., "Gramophone, film, typewriter", en *Literature, media, information systems*, G+B Arts International, Ámsterdam, 1997, págs. 31-32.

[12] Brian Eno ha propuesto una formula sencilla: "Si quieres ordenadores que funcionen, crea un equipo de diseño compuesto únicamente por mujeres saludables y activas con muchas otras cosas que hacer en la vida y dales carta blanca. Bajo ninguna circunstancias debes consultar a nadie que: a) esté fascinado por los juegos de ordenador; b) tienda a describir bobadas así con el término 'superguay'; c) no tenga más quehacer en la vida que juguetear con las chorradas ésas noche tras noche". Brian Eno entrevistado por Kevin Kelly, en *Wired*, mayo de 1995, pág. 150.

[13] Ibíd., pág. 149.

[14] Evans, Robin, "Translations from drawing to building", en *AA Files*, 12, verano de 1986, págs. 3-18; recopilado en: *Translations from drawing to building an other essays*, AA Publications, Londres, 1997, págs. 153-193 (versión castellana: "Traducciones del dibujo al edificio", en *Traducciones*, Editorial Pre-Textos, Valencia, 2005, págs. 167-207).

[15] La visualización es producto del *software*. Si aceptamos la afirmación radical de Friedrich A. Kittler de que "el *software* no existe" también parecería que apuntamos en la dirección de la abstracción: "Eso significa que utilizamos los ordenadores cuya arquitectura nos viene dada como artefacto físico, con todas sus restricciones artificiales". Brosl Hasslacher citado en Kittler, Friedrich A., "There is no software", en Sondheim, Alan (ed.), *Being on line: Net subjectivity*, Lusitania Press, Nueva York, 1997, pág. 44.

[16] Sobchak, Vivian, "The scene of the screen: Towards a phenomenology of cinematic and electronic presence", en *PostScript*, 10, 1990, pág. 56; citado en Bukatman, Scott, *op. cit.*, pág. 108.

[17] Shklovsky, Viktor, citado por Manfredo Tafuri en "The dialectics of the avant-garde: Piranesi and Eisenstein", en *Oppositions,* 11, invierno de 1977, pág. 79.

[18] Rowe, Colin; Koetter, Fred, *Collage city*, The MIT Press, Cambridge (Mass.), 1978 (versión castellana: *Ciudad collage*, Editorial Gustavo Gili, Barcelona, 1998^2).

[19] Discusión del modelo Christaller extraído de: Prigogine, Ilya; Stengers, Isabelle, *Order out of chaos: Man's new dialogue with nature*, Bantam Books, Nueva York, 1984, pág. 197 y ss.

[20] Este tema se desarrolla en mi ensayo "Condiciones de campo" (véase el compendio *Naturaleza y artificio* de Iñaki Ábalos).

[21] Certeau, Michel de, "Indéterminé", en *L'invention du quotidien* (vol 1: *Arts de faire*), Éditions Gallimard, París, 1990 (versión castellana: "Indeterminado", en *La invención de lo cotidiano* [vol. 1: *Artes de hacer*], Universidad Iberoamericana, Ciudad de México, 1996-1999).

La desaparición de los idénticos. La estandarización arquitectónica en la era de la reproductibilidad digital

Mario Carpo

2005

En algún momento de principios de la década de 1990, las herramientas digitales de diseño y producción industrial empezaron a inspirar nuevas teorías sobre el diseño, y los arquitectos y los teóricos empezaron a pensar que podría diseñarse y construirse digitalmente algo nuevo de manera inédita. Ése fue el principio de la revolución digital en la arquitectura, que hoy ya va por la mitad de su segunda década.

Pero diez o quince años es un período bastante largo en términos de tiempos de Internet. La "exuberancia irracional" que marcó la historia de amor entre los arquitectos y las nuevas tecnologías a finales del pasado milenio prácticamente ya ha desaparecido y, con la aparente ralentización del ritmo de los cambios, no parece inapropiado detenerse a mirar atrás. ¿Cuál es el beneficio neto de quince años de diseño digital? A primera vista, la consecuencia más persistente y visible de las tecnologías digitales en arquitectura parece ser, extrañamente, la redondez. Afrontémoslo: durante la mayor parte de los últimos quince años los diseñadores digitales han ejercido y defendido la redondez. Algunos de los edificios de alta tecnología más icónicos de la década de 1990 son redondos, fluidos, blandos, fláccidos o flexibles; a veces flojos o flatulentos. Hemos visto zepelines, burbujas y borrones. Aun así, la empatía entre las tecnologías digitales y las formas redondeadas que caracterizó las primeras fases de la revolución digital en arquitectura no fue una rareza de la historia; se trataba de la consecuencia racional de varias causas tecnológicas y culturales con raíces profundas.

Ponencia inédita presentada el 25 de septiembre de 2005 en Refresh: I Conferencia Internacional sobre Historias del Arte de los Medios de Comunicación, Ciencia y Tecnología celebrada en el Banff New Media Institute (BNMI), Banff National Park, Alberta, Canadá, 28 de septiembre/1 de octubre de 2005.

El deconstructivismo arquitectónico, que llegó a su punto álgido a finales de la década de 1980 o principios de la de 1990, había fomentado un entorno fracturado de disonancia y discontinuidad, parataxis y angularidad. Sin embargo, como bien saben los historiadores desde los tiempos de Heinrich Wölfflin, las formas tienen una tendencia bien conocida a fluctuar de lo angular a lo curvilíneo, de la parataxis a la sintaxis. La década de 1990 no es una excepción: tras los excesos de la angularidad deconstructivista, el rebote era inevitable. La revolución digital de la arquitectura se cruza en el camino con esta otra tendencia, amplificándola formidablemente.

Considérese esta notable cadena de coincidencias. Un influyente libro de Gilles Deleuze, *El pliegue*, publicado originalmente en francés en 1988 y traducido al inglés en 1993,[1] incluía un capítulo sobre las matemáticas de la continuidad y el cálculo diferencial de Leibniz, con referencias a las nuevas herramientas del diseño asistido por ordenador y a la producción industrial, así como a sus fundamentos matemáticos. Al mismo tiempo, algunos de los programas de *software* más populares para el diseño asistido por ordenador ponían varias familias de funciones continuas, generadas por algoritmos, en manos de diseñadores con inclinaciones hacia lo digital por todo el mundo, quienes las aplicarían independientemente de su pericia matemática. La base matemática de esas primeras herramientas para el diseño y la producción industrial era, en su mayor parte, la de la continuidad matemática de Leibniz, unas matemáticas de derivadas y puntos de inflexión (que Deleuze denominó, con gran fortuna, 'pliegues' o *'plis'*), razón por la que las formas y superficies suaves y continuas adquirieron preeminencia estética a finales de la década de 1990; el *software* de diseño de finales del milenio era propliegue y anti-ángulo. Tras el pliegue, llegó el bulto y tras el bulto, la ola de geometrías topológicas que barrió brevemente la escena a finales de la década. Después, en cualquier caso, llegó el crac.

A lo largo de la segunda mitad de la década de 1990, la redondez digital se hinchaba a la par que los azares del NASDAQ y, como este último, se vino abajo y no consiguió levantar cabeza. Como ocurrió con muchos de los excesos que habían caracterizado lo que se vino a llamar la "nueva economía", el diseño digital cayó en desgracia tras el crac de las tecnológicas y durante los disturbios sociales, políticos y militares que le siguieron. En el ambiente más sobrio, y a veces de arrepentimiento, posterior a 2001, el diseño y la producción arquitectónicos basados en el ordenador fueron incluidos en la categoría más amplia y general de arquitectura "no estándar". No obstante, aún existe cierto desacuerdo sobre lo que significa arquitectura no estándar; a menudo se la define en términos puramente visuales, pero lo que la caracteriza no es tanto su aspecto sino cómo está hecha.

Las funciones continuas generadas por algoritmos pueden utilizarse para producir elementos individuales, pero también para crear series enteras o familias de elementos. En estas series, todos sus elementos, aunque diferenciados por incrementos, comparten una matriz algorítmica. En su definición técnica más sencilla, producción no estándar significa producción en serie de partes no idénticas. Una serie no estándar no se define por el elemento individual que la compone, sino por las leyes de cambio diferencial que generan la serie; lo que cuenta en una serie no estándar es el diferencial entre sus elementos, no los atributos específicos de cada uno de ellos, incluyendo las formas visuales, que pueden adquirir cualquier configuración.

Esta definición de la serialidad no estándar implica una inversión completa del paradigma mecánico que nos era familiar hasta hace bien poco. Ese paradigma se ilustra perfectamente mediante una de las tecnologías fundacionales de la era mecánica: la imprenta. En una imprenta, el molde mecánico estampa físicamente la misma matriz en múltiples copias. La confección de la matriz requiere una inversión previa significativa, de ahí que resulte interesante imprimir tantas copias como sea posible, pues cuantas más copias impresas, más barato será cada ejemplar. En algún lugar de la serie se encuentra el límite entre la pérdida y la ganancia, el punto de inflexión. Además, si todo va bien y no se producen accidentes ni contingencias, todas las impresiones serán idénticas. A menudo, eso supone una ventaja, a veces un inconveniente y otras veces es irrelevante; pero, en cualquier caso, es inevitable. La producción mecánica en serie genera economías de escala con la condición de que todos los artículos de la serie sean idénticos, como en una línea de producción tradicional. Si se quiere un elemento diferente, debe empezarse una nueva serie y asumirse el coste de su puesta en marcha.

En cambio, las tecnologías digitales aplicadas simultáneamente al diseño y a la producción industrial pueden generar las mismas economías de escala produciendo al mismo tiempo unas series en las que todos los elementos son diferentes, aunque dentro de unos límites. La analogía de la imprenta sigue siendo válida: comparemos las tecnologías de la impresión mecánica con las de la impresión digital. Con una impresora láser, el coste de imprimir mil veces una misma página es idéntico al coste de imprimir mil páginas diferentes en el mismo formato (sin incluir el coste de la autoría de las páginas, pues en nuestro mercado, por regla general, la autoría no tiene coste alguno). Los mismos principios que determinan la impresión de una página pueden aplicarse también a la producción de objetos tridimensionales. Gracias a la integración entre el diseño computerizado, la producción y las tecnologías de transmisión directa de archivo informático a fábrica productora, los objetos diseñados y dimensionados en una pantalla de ordenador se pueden construir automáticamente con maquinaria robotizada, como si se imprimieran, en tres dimensiones, sin intervención humana alguna. Aún no podemos producir catedrales góticas de esta manera, pero, con sus límites y bajo ciertas condiciones, la producción de prototipos, la estereolitografía, la maquinaria de torneado CNC y otras herramientas de producción controladas digitalmente ya pueden traer a la vida los diseños digitales, por decirlo de alguna manera, y traducir archivos digitales directamente a objetos tridimensionales.

Cuando los objetos se diseñan y se producen en serie de esta forma, pueden introducirse variaciones individuales sin ningún coste adicional (excepto, una vez más, los del diseño). De ahí que las rígidas leyes de la producción mecánica en serie no se apliquen al entorno digital; la reproducción idéntica no abarata la reproducción digital. En consecuencia, todas las bases de la reproducción idéntica y de la estandarización del producto que nacieron con el entorno mecanicista dejarán de existir con el auge del nuevo entorno digital.

La lógica de la producción en serie a menudo fue interpretada, rechazada o explotada y, finalmente, sublimada por arquitectos y artistas en el siglo xx. Si aceptamos la lógica de la producción mecánica, para conseguir economías de escala debemos producir en serie, y para producir en serie debemos reproducir idénticamente. Con el fin de ofrecer productos mejores y más baratos a más gente, debemos ofrecer el mismo producto a todo el mundo. Eso incluye las casas, que muchos arquitectos modernos consideraban como un producto. Sin embargo, la tecnología ahora ha cambiado. Podemos seguir apreciando lo idéntico por una serie de razones, pero en el mundo digital la reproducción idéntica es irrelevante desde el punto de vista de los costes. Mil copias idénticas o mil variantes distintas del mismo prototipo digital pueden producirse con la misma máquina al mismo coste por unidad. Conocida también como personalización en serie, esta nueva aproximación a la producción sugiere un gran cambio de paradigma en nuestro entorno técnico e implica cambios sociales y culturales igualmente importantes en cómo hacemos las cosas, en cómo usamos y vemos los objetos manufacturados, al igual que en cómo los objetos manufacturados puedan representar significado y valor, incluido su valor de mercado.

Los objetos arquitectónicos producidos digitalmente, personalizados en serie, pueden adaptarse dentro de unos límites, igual que ocurría con los objetos tradicionales hechos a manos, pero sin los costes de la producción artesanal; pueden producirse en serie como se hacía con los objetos manufacturados, pero sin el inconveniente de la reproducción idéntica. En el mejor de los casos, la reproducción diferencial de la era digital puede combinar las ventajas de la reproducción variable de la era artesanal con las de la producción en serie de la era mecánica, sin las desventajas de una y de otra. En muchas ocasiones en que una talla única no sirve para todos, tanto literal como figuradamente, podemos anticipar que se aplicarán las tecnologías de lo no estándar cuando estén disponibles y sean sostenibles. Cuando eso ocurra, tendremos que afrontar los muchos y diversos retos de un entorno no estándar.

Todo esto podrá parecer una minucia, pero se convierte en algo grande cuando se mira con perspectiva histórica. Durante algunos siglos hemos vivido en un entorno visual y técnico caracterizado por imágenes repetibles de una manera exacta. En consecuencia, ahora tendemos a pensar que lo seriado provoca lo idéntico. En el momento en que el nuevo paradigma digital reemplace al viejo paradigma mecánico, tendremos que aprender a asociar la serialidad con nuevas formas de variabilidad.

La serialidad no estándar crea diferencias en la repetición. Los elementos de la misma serie no estándar pueden variar dentro de unos límites, pero deberán ser todos similares hasta cierto punto puesto que deben compartir algunos atributos: se generaron con los mismos algoritmos y se produjeron por las mismas máquinas. A diferencia de la impresión mecánica, que produce de manera idéntica, la impresión algorítmica genera similitudes. En este nuevo entorno técnico y visual, lo similar resultará más importante que lo identificable y lo idéntico. Signos diferentes pero similares podrán tener el mismo significado. En este nuevo entorno no estándar tendremos que aprender a funcionar con el universo de las normas algorítmicas invisibles, que reemplazará al viejo mundo de las formas visuales exactamente repetibles en que habitamos, para mal o para bien, desde hace quinientos años.

Tendremos que aprender, decía. Pues no. Después de todo, nos las apañamos bien sin los estándares mecánicos y sin sus productos e iconos reproducidos mecánicamente durante bastante tiempo. Tal vez simplemente tengamos que reaprender. Ya construimos mucha arquitectura aceptable antes del auge del paradigma mecánico. Tenemos razones para deducir que seguiremos en el negocio de la arquitectura antes de que el paradigma mecánico haya desaparecido. Podemos deducir, incluso, que el entorno visual dominado por algoritmos del futuro inminente tiene de hecho algo en común con el entrono visual en que vivimos antes de la era de la reproducibilidad mecánica.

En un entorno no estándar, el género de algoritmos fijos tiene más peso que las especies variables de morfogénesis infinita. En vísperas de la revolución digital, Gilles Deleuze introdujo con éxito la noción del *objectile* para definir algo similar a lo que hoy llamamos una serie no estándar: en términos filosóficos, una serie no estándar es simplemente un objeto genérico. Pero género y especie no son términos nuevos, son aristotélicos y escolásticos. El género define familias o clases de acontecimientos que tienen algo en común; la especie, etimológicamente, significa el aspecto de esos sucesos, su apariencia, lo que en el mundo digital, como en el mundo premecánico, es a menudo variable e impredecible dentro de los limites de cada clase o conjunto. Esa dualidad escolástica, según un famoso ensayo de Erwin Panofsky, está en la base de la arquitectura gótica. Alimentada ahora por la electricidad, se halla en la base del entorno digital no estándar de la actualidad. Éste es un mundo que santo Tomás de Aquino y Gian Battista Alberti podrían reconocer, pero Mies van der Rohe no podría, y Rem Koolhaas probablemente no querría. Es un mundo en el que las variaciones son la norma; los idénticos la excepción, como había sido siempre en Occidente hasta la Revolución Industrial y, por cierto, tal como parece que sigue ocurriendo en la naturaleza.

---

[1] Deleuze, Gilles, *Le Pli: Leibniz et le baroque*, Éditions de Minuit, París, 1988 (versión inglesa: *Fold: Leibniz and the baroque*, University of Minnesota Press, Mineápolis, 1993). La versión castellana (*El pliegue*, Paidós, Barcelona) fue publicada en 1989 [N. del Ed.].

La arquitectura y lo virtual.
Hacia una nueva materialidad

Antoine Picon

2004

El avance del diseño digital se presenta a menudo como una amena-
za a una de las dimensiones esenciales de la arquitectura: los aspectos
concretos de las tecnologías de la edificación y la construcción; en una
palabra, su materialidad. Ésta es la preocupación que, por ejemplo, manifiesta Kenneth Frampton en su obra reciente, empezando por su libro
Estudios sobre cultura tectónica.[1] A pesar de las réplicas propuestas por
William Mitchell y otros,[2] esta preocupación resulta comprensible dada
la naturaleza eminentemente formalista de la producción de muchos arquitectos digitales. El diseño asistido por ordenador a menudo parece
que descuida la dimensión material de la arquitectura, su relación íntima con propiedades físicas como el peso, los esfuerzos y la resistencia.
En la pantalla de un ordenador, las formas parecen flotar con libertad,
sin más ataduras que las que puedan tener el programa informático y la
imaginación del diseñador. Hay algo profundamente inquietante en esta
aparente libertad que parece cuestionar nuestros principios fundamentales en relación a la naturaleza de la disciplina arquitectónica.

No obstante, ¿debería aceptarse el estado actual del diseño asistido por
ordenador como si estuviera planteando estándares definitivos? Puesto
que la arquitectura digital se encuentra aún dando sus primeros pasos, debemos ser cautos y no llegar a conclusiones precipitadas sobre las cuestiones temporales que presenta. Frampton y otros detractores quizás asumen
su estado actual como si fuera permanente, tomándose sus características
temporales demasiado en serio, al tiempo que subestiman las cuestiones
reales que plantea. Su tendencia actual hacia una cierta inmaterialidad
puede perfectamente ser efímera. Lejos de verse en peligro por la generali-

Picon, Antoine, "Architectural and the virtual. Towards a new materiality", en *Praxis: journal of writing + building*, 6, 2004, págs. 114-121.

zación de los ordenadores y el desarrollo de mundos virtuales, la materialidad probablemente seguirá siendo un rasgo fundamental de la producción arquitectónica. A partir de aquí se puede especular si el ordenador, con sus extensiones en la red, representa un alejamiento sustancial de los aspectos tradicionales de la representación arquitectónica. En muchos aspectos, los dibujos bidimensionales hechos a manos no son mucho más materiales que los que están hechos con ordenador. La abstracción inherente a la representación arquitectónica no implica necesariamente una ausencia de materialidad en la ejecución real.

Me gustaría empezar precisamente con la cuestión general de la representación arquitectónica antes de volver sobre los cambios producidos por el ordenador. Entre las pistas que seguiré se encuentra la idea de que la materialidad, como casi cualquier cualidad de nuestro entorno, es en gran medida una construcción cultural. Tal como muchos partidarios del constructivismo social la han defendido, la experiencia física toma forma parcialmente a partir de la cultura y de la cultura tecnológica en particular. Percibimos el mundo exterior a través de unas lentes que, literalmente y a un nivel más simbólico, nos proporciona la cultura tecnológica que nos rodea. Más allá de la percepción, nuestros gestos diarios están en deuda con nuestras máquinas y sus necesidades específicas. Desde este punto de vista, el impacto del ordenador podría describirse con mayor precisión como una reformalización más que como un alejamiento de la experiencia física y de la materialidad.

La aproximación al tema que se adopta aquí intenta evitar la trampa de depositar un entusiasmo ingenuo en el estado actual de la arquitectura digital, así como caer en la posición simétricamente contraria de rechazarla sin un examen más detenido. Más que cuestionar el valor de las diversas contribuciones a la arquitectura digital —de ahí la escasez de referencias hechas a sus autores—, nos centraremos en cuestiones de naturaleza más epistemológica. ¿Qué sugiere la arquitectura digital, incluso en su estado actual de desarrollo incompleto, sobre las categorías cambiantes de la experiencia física? Si la materialidad no está en peligro, ¿cómo es que su definición, sin embargo, evoluciona?

Cuando hablamos de producciones informáticas, desde las imágenes a los mundos de la red, el término "virtual" surge casi inmediatamente ligado a la acusación de desmaterialización que opone de forma explícita la realidad virtual a la realidad "real". Sin entrar en el típico debate filosófico que evoca a Henri Bergson o Gilles Deleuze, podemos observar que tal oposición es difícil de sostener en el discurso arquitectónico. Un diseño arquitectónico es siempre un objeto virtual. Es tan virtual que anticipa no una construcción individual, sino una amplia gama de ellas. No hay proyecto arquitectónico sin un margen de indeterminación que permita seguir varios caminos; normalmente sólo uno se lleva a cabo. A pesar de los intentos por mejorar la codificación de los procesos de diseño para anticiparse todo lo posible a la obra construida, esa indeterminación relativa resulta fundamental para el proyecto arquitectónico; le permite "hablar" o, más bien, funcionar como una matriz de posibles narraciones en relación a la realidad construida que nos anticipa, sin las cuales el proyecto no sería más que un plano técnico.

Volviendo a la cuestión de la materialidad, se puede resumir la situación diciendo que aunque el diseño pertenezca a las realidades del entorno construido, esa relación de pertenencia sigue siendo ambigua. Una vez más, los dibujos y las especificaciones evocan una amplia gama de posibles efectos materiales más que una realidad única, precisa e inequívoca. La ambigüedad del proyecto arquitectónico se refleja en la representación de la arquitectura. Ni siquiera las técnicas de representación más convincentes se corresponden plenamente con la experiencia de la realidad construida. Nunca vemos los edificios en planta y en alzado, por no decir en sección, o en las representaciones axonométricas de la modernidad que ubicaban al observador en el infinito. Estaríamos tentados de afirmar que la representación arquitectónica, como la cartográfica, presupone a un observador imposible de localizar.

La representación arquitectónica negocia con estas tendencias opuestas: la búsqueda de la verosimilitud y el deseo de preservar márgenes de indeterminación. En realidad, la necesidad de un equilibrio entre estos dos ideales en conflicto podría muy bien dar cuenta de la paradoja inherente a los dibujos arquitectónicos: cuanto más específico quiere hacerse el efecto físico, más abstracta resulta la representación, como si esa tensión fundamental se tradujese en un equilibrio entre materialidad y abstracción. Desde el renacimiento, los dibujos de molduras arquitectónicas ilustran esa cuestión. Para un arquitecto inspirado por Vitruvio, nada había más material que el juego de la luz en los diversos relieves del edificio. Aun así, su representación en sección era a menudo sorprendentemente distante de los efectos deseados. Incluso en tratados canónicos como los *Cuatro libros de arquitectura* de Andrea Palladio, esa representación se reduce al dibujo lineal.

Teniendo esto en cuenta, ¿implican las representaciones informáticas un claro alejamiento de la práctica tradicional de la arquitectura? A estas alturas, la digitalización del diseño podría parecer un simple avance técnico, un poder suplementario ofrecido al diseñador, un poder que no afecta a la naturaleza de su producción. La digitalización realmente permite al arquitecto manipular formas extremadamente complejas y visualizar con más libertad las modificaciones del proyecto. No obstante, ¿son verdaderamente revolucionarias estas extensiones del vocabulario y de la capacidad de interactuar en cada nivel del diseño? ¿Es este cambio más cuantitativo que cualitativo, como si a los diseñadores contemporáneos se les hubiera dotado simplemente de un juego de lápices y reglas más variado y flexible?

Por supuesto, es completamente cierto que el ordenador rompe con la inmediatez del gesto humano. Entre la mano y la representación gráfica se introduce un nivel de *software* y *hardware*. En el propio *software* hay mecanismos de operación y preferencias que imponen restricciones al diseñador. La máquina y sus programas son sinónimos de un espesor ausente en las herramientas tradicionales.

Puede que ese espesor desaparezca con el desarrollo de interfaces cada vez más sofisticadas que produzcan una integración fluida del ordenador en el ejercicio del diseño. El Media Lab del Massachussets Institute of Technology (MIT) ha invertido años de investigación en guantes digitales y pantallas táctiles, así como en sistemas de retroalimentación con cámara y láser que vinculan la realidad física con el modelado digital. De cualquier forma, la mediación de la máquina y sus programas no será abolida.

La diferencia entre los diseños producidos manualmente y los informáticos es análoga a la que puede existir entre pasear en coche o ir andando. En ambos casos entra en juego una oposición entre el hombre, por un lado, y la pareja hombre-máquina, por otro, una máquina que no puede reducirse a mero accesorio. Tanto la potencia del ordenador como su espesor hacen que sea claramente diferente de las herramientas tradicionales. Su utilización podría asimilarse al encuentro con un "actor no humano", para utilizar el marco conceptual de Bruno Latour.[3] En las décadas posteriores a la II Guerra Mundial, el automóvil ya había producido un encuentro similar.

Otra posibilidad es considerar la pareja de hombre y máquina como un nuevo sujeto compuesto, un híbrido de carne y máquina que ya existe en la figura del conductor de automóvil. La reacción casi visceral del usuario de ordenador ante la pantalla y el teclado puede interpretarse desde este punto de vista, de manera que la arquitectura digital implica un autor cibernético. Se trata de una idea sugerida por varias reflexiones contemporáneas sobre las tecnologías informáticas y su dimensión antropológica,[4] y su influencia puede rastrearse en diversas publicaciones arquitectónicas.[5]

Si dejamos a un lado estas amplias perspectivas, la analogía del automóvil sigue siendo reveladora. Tradicionalmente se ha considerado una experiencia más rica ir caminando que conducir, pero esta oposición implica que la materialidad era vista como contraste entre la plenitud de una experiencia física real y la abstracción promovida por un entorno tecnológico determinado. Casi un siglo después de que el coche se haya convertido en un elemento permanente de la cultura contemporánea, sabemos que esa oposición no se ajusta ya a la experiencia automovilística. Más que desmaterializar el mundo en que habitamos, el automóvil ha transformado nuestra noción de la materialidad. Mi intención no es entrar aquí en un análisis detallado de estas transformaciones, sino insistir en algunos temas principales.

Cuando conducimos no percibimos exactamente los mismos objetos que cuando caminamos. Desde una autopista un edificio es visto de modo distinto a cuando caminamos junto a él. A ojos de quien se desplaza a la velocidad del automóvil, los objetos se reagrupan formando nuevas entidades perceptivas. La escala y la forma del *skyline* urbano contemporáneo son manifestaciones de la era del automóvil, así como los paisajes producidos por la rápida sucesión de anuncios en carretera.

El automóvil proporciona una serie de sensaciones diferentes, de aceleraciones y deceleraciones al sentimiento que produce el viento, algunas de las cuales están íntimamente ligadas al uso del motor. Nos hemos acostumbrado tanto a la aceleración que tendemos a olvidar que las sensaciones que produce eran casi inalcanzables en una sociedad anterior no mecanizada, en la que el movimiento lento y regular era la norma. En un entorno mecanizado, entre el alborozo de la velocidad y el riesgo del accidente, tenemos acceso a una nueva sensación de poder y también de vulnerabilidad. La famosa novela *Crash* de J. G. Ballard se centra en esta nueva condición del cuerpo humano, o más bien del híbrido formado por el cuerpo y sus extensiones mecánicas. Ese híbrido, poderoso y vulnerable, devora kilómetros y se halla siempre al límite de la destrucción. En la mirada de Ballard, la mezcla de potencia y vulnerabilidad presenta fuertes connotaciones sexuales. Para sus personajes, el accidente, la colisión fatal que da título a la novela, se convierte en una nueva forma de coito tecnológico.[6]

La redefinición de entidades perceptivas que experimentamos en el coche altera nuestra misma noción del espacio, cambiando la condición existencial de todo nuestro cuerpo. El cambio más significativo lo producen tal vez las transformaciones sutiles que el uso del automóvil provoca en nuestra percepción física del mundo al desplazar el contenido y los márgenes de la materialidad.

Es tentador establecer una analogía entre el automóvil y el ordenador, interpretando este último como un vehículo que induce a un nuevo desplazamiento de la experiencia física y de la materialidad. El arquitecto asistido por ordenador se asemeja al conductor o al pasajero embarcado en un viaje que genera una nueva forma de experiencia. ¿Cuáles son los rasgos destacados de esa experiencia material?

El ordenador nos presenta nuevas entidades perceptivas y objetos. Si anteriormente el arquitecto manipulaba formas estáticas, ahora puede jugar con flujos geométricos. Las deformaciones volumétricas y superficiales adquieren una especie de evidencia inasequible a los sistemas de representación gráficos tradicionales. Pueden generarse y seguirse en tiempo real sobre la pantalla. En ese sentido, el uso del ordenador es extrañamente cercano a oficios como el del ceramista, y no es casualidad que se hayan realizado varios intentos de emparejar la cerámica con el modelado tridimensional en el Media Lab del MIT.

La nueva evidencia adquirida por los flujos geométricos explica la multiplicación de proyectos que parecen superficies fluidas. Por ejemplo, el proyecto West Side Convergence de Reiser + Unemoto se presenta como un flujo geométrico congelado en forma arquitectónica.[7]

Además de deformaciones y flujos, el ordenador permite la manipulación de fenómenos inmateriales, como la luz y la textura, de manera que adquieren la condición de casi-objetos para el arquitecto. Se pueden manipular numerosos parámetros de la luz: puede intensificarse o atenuarse, hacerse directa o difusa. De forma similar, las superficies pueden ajustarse con una combinación casi infinita de factores de rugosidad o suavidad, de reflejo o transparencia, a niveles que los hacen casi táctiles. Estas manipulaciones producen expresiones muy diversas, desde efectos superficiales, como los de las proyecciones en "hipersuperficies" (que son posibles gracias a la capacidad del mundo digital para dotar de textura a cualquier forma dada con una imagen),[8] hasta las creaciones matemáticas de la obra del estudio Objectile de Bernard Cache.[9] Ahora bien, en ambos casos el énfasis recae sobre las condiciones táctiles y de superficie frente a las consideraciones volumétricas abstractas.

Mientras algunas dimensiones de la arquitectura digital, como las condiciones superficiales recién mencionadas, se vuelven esenciales, otras resultan más problemáticas. En el caso del automóvil, la aparición de un objeto nuevo viene acompañada por una pérdida de la idea común de distancia en favor de la idea de accesibilidad. De un modo similar, con la arquitectura digital, la escala ya no parece tan evidente. ¿Cuál es la escala real de las formas que aparecen en la pantalla de un ordenador? A pesar de la inclusión de figuras humanas en los fotomontajes, a menudo cuesta responder a esta pregunta. La presentación estándar de un proyecto como Beachness, de Nox, es muy reveladora al respecto. Primero vemos un complejo laberinto de líneas, luego una forma retorcida que parece un trozo de tela o de papel arrugado. A continuación, las imágenes revelan que en realidad estamos mirando un proyecto enorme, casi una megaestructura.[10] El imaginario informático se acerca más a un mundo organizado por fractales que por la geometría tradicional, donde la información y la complejidad se encuentran a todos los niveles. En tal mundo, no hay una escala fija a la que puedan referirse las cosas.

Además de cuestionar la idea de escala, las tecnologías digitales hacen que la relación entre la representación arquitectónica y la propia arquitectura se vuelva más confusa que en el pasado. La disociación entre la representación y la obra es evidente en las complejas superficies diseñadas en CATIA de Frank O. Gehry, cuyas formas deben poco a las consideraciones estructurales.[11] A pesar del discurso del arquitecto, una distancia similar separa a la maqueta luminosa del concurso de la Mediateca de Sendai, de Toyo Ito, de la realidad estructural con pesadas planchas de acero utilizadas para construir el edificio.[12] La Terminal de Yokohama de Foreign Office Architects (FOA) revela una tensión similar entre la fluidez del diseño original y las técnicas movilizadas para su realización. El mundo conformado por tecnologías digitales no sólo es complejo en todos sus niveles, sino que también está lleno de sorpresas por la distancia que a menudo separa el modelado informático de la realidad.

La oposición de críticos como Kenneth Frampton se debe a la constatación de que entre la representación digital y la construcción tradicional media una gran distancia. Sin embargo, por perturbadora que pueda resultar, dicha distancia no es necesariamente sinónimo de una desmaterialización de la arquitectura. El ordenador permite redefinir la materialidad más que abandonarla a la seducción de la pura imagen.

Esa distancia exige una redefinición de los objetivos y procesos del diseño. El mundo digital requiere un oficio visual nuevo capaz de seguir el complejo laberinto de interacciones entre lo global y lo muy local, entre la definición general del proyecto y los (unas veces menores y otras drásticos) cambios aportados por las variaciones paramétricas. En ese mundo, el menor cambio puede afectar al diseño como un todo, como en la conocida tesis de la teoría del caos, según la cual el aleteo de una mariposa en un extremo del mundo puede causar una tormenta en el otro.[13] La sensibilidad generada por esta dependencia de las variaciones paramétricas puede que, una vez más, no diverja demasiado de la conducción a toda velocidad sobre una superficie irregular donde el menor obstáculo puede causar dramáticas consecuencias. Marcos Novak ha comparado los estados líquido y digital: "Las operaciones asociadas a la idea de líquido sugieren que la parametrización lleva a una variabilidad radical en la virtualidad continua producida por un objeto y su opuesto".[14] Los ordenadores nos sumergen en un mundo fluido y notablemente variable, que da especial intensidad a algunas de nuestras sensaciones y a las decisiones a que nos conducen.

El automóvil sólo es una metáfora y, como tal, no debería tomarse muy al pie de la letra. Al contrario de la trayectoria lineal del automóvil, el mundo digital que se despliega ante los ojos del diseñador es multidimensional. Fluye teóricamente en todas direcciones y es teóricamente reversible, características que no se ajustan a la necesidad de los procesos proyectuales de seguir una secuencia particular, desde los bocetos preliminares hasta las especificaciones técnicas finales, y de implicar a varios agentes, desde los colaboradores del arquitecto a los ingenieros y constructores responsables de cuestiones tecnológicas específicas. En otras palabras, el diseño asistido por ordenador no puede ser una exploración laberíntica de las casi infinitas posibilidades ofrecidas por la máquina. La forma puede transformarse indefinidamente, pero deben tomarse opciones, tienen que ejecutarse decisiones para romper la naturaleza teorética reversible de la manipulación digital.

La importancia de estas opciones da pie a una nueva actitud, basada en la evaluación estratégica del potencial para la evolución del diseño en estados críticos de su desarrollo. A menudo se ha visto que los ordenadores implican una manera de pensar basada en un escenario. Además de los escenarios, los diagramas pueden orientar al diseñador por los caminos del desarrollo proyectual que posibilita el medio digital. Por su proximidad al concepto y por la supresión de detalles concretos innecesarios en que se manejan, con frecuencia los diagramas se perciben como simples esquemas mentales. Esta aproximación es incoherente con la verdadera naturaleza de los diagramas, en concreto con el hecho de ser inseparables del curso de la acción. Poseen una cualidad física propia, similar a las aparentemente abstractas simbologías que utilizan los coreógrafos para anotar los pasos de *ballet*. Existe un asombroso paralelismo entre el diagrama contemporáneo, a menudo de inspiración holandesa, y los diagramas geopolíticos de principios de este siglo.[15] Ambos se basan en una descripción esquemática del mundo que tiende a dejar de lado las diferencias de escala y de complejidad geográfica, por no decir de especificidad histórica. La geopolítica adora los bloques, las alianzas y otros tipos de entidades globales. Los diagramas a la holandesa también se basan en agregaciones masivas de datos globales.[16] En ambos casos, el mundo aparece como un campo de fuerzas manifiestas en lugar de geografías estáticas. Como en la geopolítica, los diagramas de la arquitectura contemporánea hacen extensivo el uso de flechas y gráficos que intentan hacer visibles esas fuerzas. Convergen en nodos que pueden asimilarse a objetivos o metas. En ambos casos, lo que parece estar en juego es la comprensión de un entorno fluido y móvil que requiere acción continua.

General y frecuentemente, el ordenador se ha entendido como una extensión de la mente, una supermemoria o herramienta avanzada para la exploración lógica. Por ejemplo, el antropólogo francés André Leroi-Gourhan traza una evocación espectacular del progreso humano a través del uso de instrumentos tecnológicos en *El gesto y la palabra*,[17] un libro que se extiende desde el neolítico hasta el siglo xx, de las primeras piedras talladas y pulidas hasta el nacimiento de los ordenadores. Para Leroi-Gourhan, el progreso humano está marcado por la externalización gradual de funciones, de los cuchillos y hachas de piedra que extendían las habilidades de la mano a la externalización de funciones mentales con el ordenador.

Indudablemente, el ordenador puede verse como extensión de la mente, pero también altera nuestra percepción de los objetos al ampliar el alcance de nuestras sensaciones. Las interfaces que se están desarrollando actualmente afectarán en breve a nuestras capacidades motoras. El uso del ratón ya ha creado nuevos tipos de gesto. Entre los adolescentes, la popularidad de los videojuegos genera reflejos aún más específicos.

Nuestra percepción del espacio se verá a su vez afectada por esos cambios físicos. Películas como *Johny Mnemonic*, *Matrix* o *Minority report* prevén cambios en la percepción del espacio real con el avance de sofisticadas interfaces entre el espacio real y el digital. La noción de una realidad mejorada o aumentada sugiere una materialidad diferente que la hibridación de lo físico y lo digital hacen posible. Aunque esa hibridación no está del todo desarrollada, algunos de los rasgos de la transformación de la materialidad ya son manifiestos.

De forma similar, los códigos visuales cambian a una velocidad sorprendente. Ya no nos maravillamos, por ejemplo, por la capacidad de los medios digitales de acercar o alejar la imagen con el zum; más bien tendemos a percibir nuestro mundo tridimensional real en términos similares, como si la realidad normal fuera el resultado de un arreglo provisional, o incluso una acomodación de la lente a medio alcance, entre lo muy pequeño y lo muy grande, entre los átomos o píxeles y las galaxias. Por un lado vemos formas y objetos inmediatamente reconocibles suspendidos entre superficies observadas de cerca y texturas que evocan algún tipo de arte abstracto y, por otro, lo menos abstracto, vistas de satélite que dan pie a efectos de textura y superficie. En ambos casos, la percepción del volumen depende de la relación entre dos tipos de superficies o pieles.

También se puede relacionar la nueva condición de la forma y el objeto con un contexto cultural creado por la globalización. La globalización puede caracterizarse como un extraño cortocircuito entre lo local y lo general que desestabiliza los oficios e instituciones de medio alcance.[18] En nuestro mundo global vemos las cosas desde muy cerca o bien desde extremadamente lejos. No es ninguna coincidencia que el ordenador haya sido tan influyente en el proceso de la globalización. El zum vendría a ser una mera consecuencia de la crisis de la noción tradicional de escala, que supone tanto el uso del ordenador como la globalización, una crisis que genera formas de una característica inestabilidad perceptiva.

Esa inestabilidad desdibuja la distinción entre lo concreto y lo abstracto, ya que nada es tan abstracto y tan concreto a la vez como una visión que reta a las interpretaciones basadas en las categorías normales de forma u objeto. En la era del ordenador y con la física de sólidos y las manipulaciones genéticas, la materialidad se define cada vez más por la intersección de dos categorías aparentemente opuestas. Por un lado lo totalmente abstracto, basado en signos y códigos, por el otro lo ultraconcreto, que implica una percepción precisa y casi patológica de los fenómenos materiales y de propiedades como la luz y la textura en la forma en que se revelan por el uso de herramientas como el zum. Esa hibridación entre lo abstracto y lo ultramaterial representa un nuevo mundo de sensaciones al que estamos accediendo hoy.

En el terreno de la arquitectura, la coexistencia de reflexiones de naturaleza diagramática y de un interés renovado por algunos de los aspectos más concretos de los materiales es típica de esa situación. A nivel urbano, el GPS representa también la inmediatez entre la abstracción y la concreción. Al utilizar un GPS estamos enchufados a una red geodésica abstracta y global y enfrentados también a nuestro entorno inmediato.[19] Al igual que el ordenador empieza a afectar al diseño de edificios, el entorno digital acabará afectando al diseño urbano, aunque sólo sea porque la legibilidad de las secuencias urbanas está siendo redefinida por herramientas como el GPS.

Pero, ¿cómo se trasladan las intuiciones del arquitecto o del urbanista al público que habitará en sus proyectos? En otras palabras, ¿puede esa nueva materialidad, que los diseñadores informatizados anhelan, interesar a un gran público desconocedor de las tesis diversas, y a menudo contradictorias, de figuras como Greg Lynn, Marcos Novak, Jesse Reiser y otros? Su arquitectura de *blobs* y formas geométricas topológicas parece alejada de la definición común de la arquitectura. A nivel de la ciudad, la misma distancia separa el mundo de las simulaciones urbanas computerizadas de la percepción ordinaria de la gente.

Al menos dos razones pueden invocarse en favor de una respuesta optimista. La primera reside en cómo el ordenador está calando en la vida diaria, haciendo que esa alteración de la materialidad pueda entenderse como un fenómeno general. Todos habitaremos el mundo real y el virtual, de ahí la famosa afirmación de Toyo Ito de que los arquitectos deberían diseñar para sujetos de doble cuerpo, uno real y uno virtual. "Nosotros, contemporáneos —escribe Ito—, estamos provistos de dos tipos de cuerpo para responder a estos dos tipos de naturaleza. El cuerpo real está unido al mundo real por medio de fluidos que corren por su interior y el cuerpo virtual unido al mundo virtual mediante el flujo de electrones."[20] En realidad, esos dos cuerpos no están separados, sino que son parte de lo que constituye la presencia física actual. La Mediateca de Sendai es la personificación de esa condición física contemporánea: densamente material, con reminiscencias de la construcción naval pesada con enormes chapas de acero, también es fluida y translúcida como una gema electrónica preciosa. En este caso, lejos de ser accidental, la distancia entre la construcción y la representación arquitectónica se ve verdaderamente sujeta a las intenciones esenciales del arquitecto.

Antes he mencionado los videojuegos y su impacto en toda una generación, cuyo comportamiento han sido configurado por extraños enanos, príncipes y ogros que corren y saltan por pantallas de ordenadores y Gameboys. Esta generación ha desarrollado actitudes físicas y mentales que demandan un tipo de espacio diferente, un espacio que pueda descifrarse a través de sistemas de pistas o series de escenarios que se desdoblan, en lugar de la esquematización integral tradicional; sus expectativas espaciales pueden verse satisfechas sólo por una arquitectura de orientación digital.

La segunda razón para tener confianza en la nueva materialidad arquitectónica que produce el ordenador reside en el hecho de que, a diferencia del automóvil, el ordenador no es una máquina aislada como las que el filósofo francés George Simondon denominó "individuo tecnológico", o una superprótesis que aumenta la capacidad física humana.[21] El ordenador sólo forma parte de un universo digital global que incluye redes mundiales, así como a millones de asistentes personales digitales. Naturalmente, se podría argumentar que el automóvil ya era inseparable de un mundo poblado por carreteras, señales de tráfico, gasolineras y aparcamientos.[22] De todos modos, el mundo del coche era comparable a un sistema numerable más que a un tejido continuo. La densidad y el alto nivel de interconectividad y redundancia que caracterizan al universo digital es difícil de describir en términos de sistema. Categorías ambientales como la de paisaje parecen ser más apropiadas. Cada vez estamos más y más inmersos en ese paisaje.

En relación a la cuestión de la materialidad, el paisaje digital proporciona numerosas oportunidades inéditas, como la posibilidad de diseñar materiales y dar forma a sus propiedades y aspecto, en lugar de utilizarlos de una forma pasiva. Como han señalado varios autores, la revolución digital es contemporánea a una revolución de los materiales que utilizamos y producimos.[23] En la Harvard Design School, un grupo de profesores y estudiantes bajo la dirección de Toshiko Mori ha estado explorando recientemente el potencial de expresión arquitectónica de los materiales a través del diseño, un potencial que ya ha movilizado a diseñadores como Mack Scogin o Sheila Kennedy.[24]

La producción material asistida por ordenador parece acabar con la distancia entre representación y materialidad, dado que la materialidad se define en términos distintos a la construcción tradicional. Sin embargo, ese colapso es en realidad una ilusión producida por la eliminación de la compleja serie de interfaces necesaria para salvar la distancia entre la representación arquitectónica y la realidad a través del diseño. El ordenador no acaba con la distancia entre la representación y la realidad, sino al contrario; sólo crea la posibilidad de un proceso continuamente documentado entre la pura representación arquitectónica y las especificaciones técnicas. En esa revolucionaria evolución de la geometría descriptiva, Gaspard Monge empezó a distinguir entre los objetos susceptibles de recibir una definición rigurosa y los que no lo eran.[25] La era digital permite que, en cada etapa de su elaboración, cada objeto y cada material puedan ser definidos rigurosamente. La verdadera novedad podría muy bien residir finalmente en la generalización del diseño como oficio que no sólo se centra en los edificios y sus diversos sistemas tecnológicos, sino también en los materiales y, más aún, en la naturaleza como realidad tecnificada. En muchas propuestas de paisaje contemporáneas, como las de los participantes del concurso para el vertedero de Fresh Kills,[26] ya no se trata la naturaleza como un recurso externo sobre el que se dibuja. Cada vez más, aparece como algo a cuya producción puede darse forma mediante un diseño adecuado. El uso creciente del término *landscape urbanism* en relación a situaciones como las de Downsview o Fresh Kills parece consecuencia de esta tendencia.[27] En esa naturaleza tecnológica, la materialidad se ve totalmente impregnada por el diseño. A pesar de la disociación entre la representación arquitectónica y su construcción, la verdadera novedad no es una distancia creciente entre el diseño y la materialidad, sino más bien una interactividad íntima entre ellos que puede finalmente poner en tela de juicio las identidades profesionales tradicionales del arquitecto y del ingeniero. Ambas identidades se basan en la aceptación de la distancia entre el mundo intelectual y el físico, una distancia que el diseño debía salvar. Si uno se toma en serio la hipótesis del desdibujamiento entre la abstracción y la concreción, esas identidades deben ser alteradas. Las reivindicaciones de Cecil Balmond por una plena cooperación en los procesos de diseño, en lugar de que se vean reducidos a los meros cálculos estructurales, son representativas de las nuevas perspectivas que nacen en un mundo donde se desdibuja la distinción entre la abstracción material y la concreción espacial.[28]

Esa generalización potencial de los procesos de diseño nos hace más responsables que nunca de sus consecuencias, pues el mundo aparece cada vez más como una creación nuestra, desde la naturaleza hasta los artefactos, desde los materiales hasta los edificios. Por consiguiente, está en juego una nueva responsabilidad política. Para los arquitectos ello implica abandonar su tradicional postura de indiferencia respecto a las grandes cuestiones que sus obras ponen sobre la mesa. Inscribirse en las tendencias culturales y económicas actuales probablemente no sea ya suficiente si tenemos en consideración, como planteó una vez Sanford Kwinter, que la tarea de la arquitectura es captar "el flujo de las condiciones históricas en su materialización privilegiada".[29] Como hemos visto, la materialidad significa mucho más hoy que la simple comprensión de las fuerzas que mueven el mercado global. Toshiko Mori dice que "los arquitectos y otros ciudadanos deben tomar opciones de forma activa sobre dónde construir, qué construir y con qué construir".[30] Probablemente se debería añadir a la lista "cuándo no construir" en un mundo donde el medio ambiente y el desarrollo sostenible se han convertido en temas cruciales. Cada vez más a menudo, abstenerse de construir es una solución mejor que lanzarse a crecimientos que puedan producir daños. En mi opinión, el problema del panorama arquitectónico contemporáneo no es tanto su posible desmaterialización, como la ausencia de una agenda claramente definida en lo político y lo social, a pesar de que ésta es más necesaria que nunca. El éxito creciente de diseñadores sostenibles como Shigeru Ban bien puede residir en su preocupación tanto por la materialidad y la innovación tecnológica como por temas sociales y políticos.

En lugar de representar una dimensión en peligro del diseño arquitectónico, la materialidad seguirá siendo uno de sus elementos de mayor interés. Sin embargo, ese interés es ahora sinónimo de una nueva responsabilidad. Sus contenidos cambian y su significado es todavía impreciso. Una de las tareas de la arquitectura podría consistir en arrojar algo de luz sobre su potencial actual.

[1] Frampton, Kenneth, *Studies in tectonic culture*, The MIT Press, Cambridge (Mass.), 1995 (versión castellana: *Estudios sobre cultura tectónica*, Akal, Madrid, 1999).

[2] Mitchell, William J., "Antitectonics: The poetics of virtuality", en Bechmann, John (ed.), *The virtual dimension*, Princeton Architectural Press, Nueva York, 1998, págs. 205-217.

[3] Véase Latour, Bruno, *Nous n'avons jamais été Modernes. Essai d'anthropologie symétrique*, La Découverte, París, 1999 (versión castellana : *Nunca fuimos modernos: ensayo de antropología simétrica*, Ediciones Siglo XXI, Buenos Aires, 2007).

[4] Citado en Haraway, Donna J., "Manifesto for cyborgs: Science, technology, and socialist feminism in the 1980s", en *Socialist Review*, 15:2, 1985, págs. 65-107 (versión castellana: *Manifiesto para cyborgs*, Universitat de València, Valencia, 1995); Haraway, Donna J., *Simians, cyborgs and women: The reinvention of nature*, Routledge, Nueva York, 1991; Edwards, Paul N., *The closed world. Computers and the politics of discourse in Cold War America*, The MIT Press, Cambridge (Mass.), 1996.

[5] Véase Picon, Antoine, *La Ville territoire des cyborgs*, Les Éditions de l'Imprimeur, Besançon, 1998.

[6] Ballard, J. G., *Crash*, Cape, Londres, 1973 (versión castellana: *Crash*, Minotauro, Barcelona, 1996).

[7] Para una reproducción de este proyecto, véase, por ejemplo, Fuksas, Massimiliano (ed.), *Città. Less aesthetics more ethics*, La Biennale di Venezia/Marsilio, Venecia, 2000, págs. 368-369.

[8] Véase Perrella, Stephen, "Electronic baroque, hypersurface II: Autopoeisis", en *Architectural Design*, 69, septiembre-octubre de 1999, págs. 5-7.

[9] Véase Cache, Bernard, *Earth moves: The furnishing of territories*, The MIT Press, Cambridge (Mass.), 1995.

[10] Véase, por ejemplo, la muestra expuesta en Zellner, Peter, *Hybrid space, new forms in digital architecture*, Rizzoli, Nueva York, 1999, págs. 114-117.

[11] Para una discusión general sobre la tensión entre superficie y construcción que está ejemplificada en la obra de Frank O. Gehry, véase Burry, Mark, "Between surface and substance", en *Architectural Design*, 72:2, 2003, págs. 8-19.

[12] Citado en Witte, Ron y Kobayashi, Hiroto (eds.), *Toyo Ito. Sendai Mediateque*, Prestel, Múnich, 2002.

[13] Citado en Gleick, James, *Chaos: Making a new science*, Viking Press, Nueva York, 1987 (versión castellana: *Caos: la creación de una ciencia*, Seix Barral, Barcelona, 1988).

[14] Novak, Marcus, "Eversion: Brushing against avatars, aliens and angels", en *Architectural Design*, 69, septiembre-octubre de 1999, págs. 72-76 (72 en particular).

[15] Para diagramas producidos por la geopolítica, véase, por ejemplo, Faffestin, Claude, *Géopolitique et histoire*, Payot, Lausana, 1995.

[16] Entre las publicaciones típicas de esta actividad, véase: Maas, Winy, *et al.*, *Farmax. Excursions on density*, 010 publishers, Róterdam, 1994; Koolhaas, Rem, *et. Al*, *Mutations*, Arc en Rêve, Burdeos, 2001 (versión castellana: *Mutaciones*, Actar, Barcelona, 2001).

[17] Leroi-Gourhan, André, *Le geste et la parole, I. Technique et langage, II. La mémoire et les rythmes*, Albin Michel, París, 1964, 1991 (versión castellana: *El gesto y la palabra*, Ediciones de la Biblioteca de la Universidad Central de Venezuela, Caracas, 1971).

[18] Citado en Veltz, Pierre, *Mondialisation, villes et territoires: l'économie d'archipel*, PUF, París, 1996 (versión castellana: *Mundialización, ciudades y territorios: la economía del archipiélago*, Ariel, Barcelona, 1999).

[19] El arte del GPS explora activamente este cortocircuito entre la abstracción y la concreción. Véase, por ejemplo, *GNS Global Navigation System*, Éditions Cercle d'Art, París, 2003.

[20] Ito, Toyo, "Tarzanes en el bosque de los medios", en *2G*, 2 (*Toyo Ito. Sección 1997*), 1997, págs. 121-144 (132 en particular).

[21] Simondon, George, *Du mode d'existence des objets techniques*, Aubier, París, 1969.

[22] Citado en Dupuy, G., *Les territoires de l'automobile*, Aubier, París, 1969.

[23] Véase, por ejemplo, Bensaude-Vincent, Bernadette, *Eloge du mixte, matériaux noeveaux, philosophie ancienn*, Hachette, París, 1998.

[24] Mori, Toshiko (ed.), *Inmaterial/Ultramaterial*, Harvard Design School/George Braziller, Cambridge (Mass.), 2002.

[25] *Programmes de l'Enseignement Polytechnique de l'École Centrale des Travaux Publics*, reproducido en Langins, Jànis, *La République avait besoin de Savants. Les Débuts de l'École Polytechnique et les Cours Révolutionnaires de l'An II*, Belin, París, 1987, págs. 126-198 (142 en particular).

[26] Véanse estos proyectos en *Praxis*, 4, 2002.

[27] Waldheim, Ch., "Lanscape urbanism: A genealogy", en *Praxis*, 4, 2002, págs. 10-17.

[28] Balmond, Cecil y Smith, Januzzi, *Informal*, Prestel, Múnich, 2002.

[29] Kwinter, Sanford, "Flying the bulllet, or when did the future begin?", en *Rem Koolhaas. Conversations with students*, Princeton Architectural Press, Nueva York, 1996 (versión castellana: "Volar con la bala, o ¿cuándo empezó el futuro?", en *Rem Koolhaas. Conversaciones con estudiantes*, Editorial Gustavo Gili, Barcelona, 2002, págs. 65-93).

[30] Mori, Toshiko (ed.), *op. cit.*, pág. XV.

Personalidades escindidas

Brett Steele

2005

Topografía contra topología

Parafraseando a Groucho Marx, hay dos tipos de personas en el mundo: quienes creen que hay dos tipos de personas y quienes no. Como mínimo, la ocurrencia nos recuerda el humor *discursivo* en un razonamiento *recursivo*, una lección que se perdió la mayoría de los que trabajamos en arquitectura y en sus (muchas veces incluso más divertidos) discursos sobre el diseño y la investigación. Éstos incluyen paradigmas contemporáneos surgidos de una aparente oposición entre opciones mutuamente excluyentes: cajas contra *blobs*, circulación contra programa, diagramas contra dibujos, China contra Occidente, forma contra figura..., y la lista sigue y sigue. La tendencia bifurcatoria (llámesela retrokantiana o la venganza de la historia del arte wölffliniana) tiene que admirarse por su terca longevidad. El dualismo está tan bien acomodado en las historias, teorías y actualidad del diseño arquitectónico que podemos apreciar tanto sutiles matices como grotescas parodias. No parece casualidad, por ejemplo, que una de las más apreciadas "revistitas" de arquitectura de las recientes décadas tomase por título *Oppositions* (manteniendo así, al menos en el nombre, la simetría arquitectónica por medios distintos a los compositivos). El carácter opositivo del arquitecto es un acto reflejo hasta el punto de llegar a la anécdota o al cliché: recordemos la "indignación" arquitectónica suscitada a raíz de la invitación de la École des Beaux-Arts al Museum of Modern Art en la década de 1970 (o pensemos en la cita de Gertrude Stein que OMA utilizó en su libro de 1996 sobre el MoMA: "Puedes ser un museo o puedes ser moderno, pero no las dos cosas a la vez"). Como en la vida misma, parece que la arquitectura y sus sensibilidades se han organizado durante mucho tiempo

Steele, Brett, "Split personalities", en *LOG*, 5 (Anyone Corporation, Nueva York), 2005, págs. 114-115.

alrededor de una serie de opuestos que rayan la caricatura. No es que esa manera de pensar no estuviera fuertemente conectada con la propia subjetividad moderna, como Michel Foucault y otros muchos intelectuales han intentado mostrarnos valientemente. Pero incluso Foucault, cuya carrera intelectual podría decirse que estaba definida por su monumental intento de subvertir los regímenes y clasificaciones de la modernidad (binaria u otra),[1] cayó víctima en ocasiones de esa forma de pensar, la más propia de la modernidad (mediada). Al principio de su famoso ensayo *Las palabras y las cosas*, Foucault da un traspié al escribir que "existen dos formas de comparación y sólo dos: la comparación de la medida y la del orden".[2] Hacemos gestos de dolor al ver a Foucault perder el equilibrio en la más resbaladiza de las rampas cognitivas, el imperativo categórico. Intentaré ir con pies de plomo en lo que sigue, mientras voy construyendo mi propio discurso.

Arrancar citando a Michel Foucault y Groucho Marx sólo confirma mi afán de complicidad con relación a la forma y al proceso que voy a recorrer en este breve ensayo (en aras de la simetría, es un ensayo *bipartito*).[3] La cuestión aquí es la siguiente: deberíamos prestar mayor atención a una nueva escisión extraordinariamente robusta de la arquitectura actual, un cisma que lleva tiempo existiendo bajo la rúbrica del debate sobre contexto contra proceso, pero que las realidades del urbanismo global y los sistemas de diseño por ordenador han vuelto a reavivar; ambas realidades se han vuelto ubicuas, como los dos paradigmas dominantes en la descripción de las fuerzas que dan forma y sitúan a la obra y al pensamiento arquitectónicos; un debate que podríamos caracterizar como de ciudades contra ordenadores. En torno a estos dos amplios campos se han formado grupos de seguidores, defensores y críticos. Podríamos denominar a esa división como "el cisma entre la *topografía* y la *topología*": entre aquellos arquitectos y diseñadores que, para encontrar fórmulas que les permitan manejarse en la creación, se mueven inicialmente *hacia fuera* en su búsqueda de una comprensión de las condiciones que den forma a su tarea de arquitectos, es decir, hacia la topografía del urbanismo contemporáneo (o la ciudad, incluyendo a sus muchas "impostoras contemporáneas"); y aquellos arquitectos o diseñadores cuyos esfuerzos investigadores se dirigen *hacia dentro*, hacia los instrumentos y conceptos operativos (como la topología) de los nuevos sistemas o procesos de diseño (incluyendo su creciente abanico de tecnologías en red y sistemas de producción automatizados). En lo que sigue, llamaré a esta división la de los *diagramáticos* contra los *procesuales*.

Diagramáticos contra procesuales

Los *diagramáticos* se pasan los dias viajando, haciendo fotos y analizando la ciudad contemporánea en toda su complejidad, desde la infraestructura a la forma construida, para imaginar paisajes de datos. Han pasado gran parte de su tiempo en lugares como el delta del río de las Perlas, Atlanta, Houston, Manhattan, en ciudades europeas marchitas o paisajes turísticos horteras. Han volado en helicóptero sobre Lagos y calculado el suelo medio edificado de Hong Kong. En general, cuanto más raros y más inesperados sean los destinos o los cálculos, mejor. Han analizado cómo esos lugares han cambiado dramática, y a menudo recientemente, convirtiéndose en algo distinto de "la ciudad" tal como la creíamos conocer. Después, vuelven y nos lo cuentan. Hacen diagramas y hojas de cálculo, recopilan estadísticas, escriben pies de foto ingeniosos y publican un montón de libros. A partir de esas actividades, este grupo de arquitectos obtiene un conocimiento sobre lo innegablemente extraño que resulta el espacio global donde en la actualidad se sitúa toda intervención arquitectónica. Eso, nos dicen ellos, permite al arquitecto saber cómo hacer mejor su trabajo cuando se le pide construir en dichos escenarios. A los diagramáticos no sólo les gusta descubrir nuevas formas de urbanismo, sino que se aseguran de que el urbanismo sea siempre algo nuevo e inesperado. Como los miembros de la tripulación de *Star Trek*, la misión de esos arquitectos es viajar por el espacio descubriendo nuevas formas de urbanismo alienígena y volverlas a la vida; lo hacen no sólo para contárnoslo a aquellos de nosotros supuestamente incapaces de volar tan alto, sino, lo que es más importante, para cimentar sus propias carreras arquitectónicas (recuerden el reconocimiento profesional que se dio a Robert Venturi y a Rem Koolhaas por sus primeros libros). Desde que Reyner Banham visitara Los Ángeles en la década de 1960 y volviera a

Europa proclamando sus ecologías artificiales con un cuadro sinóptico, los arquitectos y sus teorizadores han estado diagramando experiencias sólo disponibles a quienes han hecho el viaje, la mayor parte de las veces a lo inesperado o lo previamente desconocido (en el contexto del discurso arquitectónico). Que el turismo en sí mismo haya transformado tan radicalmente nuestro mundo en décadas recientes, convirtiéndose en la mayor industria mundial en términos de número de empleos e ingresos, sólo confirma la relevancia de esta forma exclusivamente contemporánea de turismo arquitectónico.[4] Después de todo, ¿quién podría olvidar el resultado arquitectónico del viaje de diez días a Las Vegas de Robert Venturi, Denise Scott Brown y Steven Izenour en 1969, con sus estudiantes licenciados, el de los años mozos de Rem Koolhaas en Manhattan o los veranos de Colin Rowe en Roma? Los tres episodios se convirtieron, respectivamente, en *Aprendiendo de Las Vegas*, *Delirio de Nueva York* y *Ciudad collage*,[5] las auténticas coordenadas *x*, *y* y *z* de los manifiestos arquitectónicos de la difunta modernidad, en torno a los cuales siguen perfilándose incontables obras.

En cambio, el grupo de arquitectos que podríamos llamar *procesuales* apenas abandona sus oscuros estudios (iluminados actualmente por un creciente número de pantallas de ordenador parpadeantes), ni mucho menos intenta comprender lejanas ciudades extranjeras más que como lugares donde comprar componentes de electrónica baratos, *software* o DVD piratas. Este grupo trasnocha leyendo manuales del programa Maya o intercambiando con sus amigos consejos sobre líneas de comando y segmentos de programación de modelado. Discuten sobre los beneficios de los sistemas abiertos y la diferencia entre las curvas *B-spline*, los algoritmos clasificatorios y los *patchs* NURBS. Piratean juntos y realizan capturas dinámicas de los movimientos de simulaciones activas indeterminadas, imaginando formas fluidas de espacios arquitectónicos en maquetas que parecen (y a veces se mueven como) bichos aplastados. Se entusiasman con cosas como escribir líneas de comandos más limpias para las máquinas CNC y hablan como si pudiesen verdaderamente captar la diferencia entre el código de la máquina y los protocolos de programación de alto nivel (aunque lo siguen pasando mal para explicar cómo afecta esto al diseño de una fachada). Si a los diagramáticos se les puede ver atentos al ambiente inspirado en Las Vegas de la película *Oceans's eleven* de Steven Soderbergh, la única música que escuchan los procesuales es el ruido de la cortadora estereolitográfica. Mientras que los diagramáticos adoran el contexto (sin jamás utilizar esa palabra), los procesuales viven para el proceso de diseño (sin explicar nunca qué significa en realidad). El "contexto" de sus proyectos son los propios procesos de diseño; y cuanto más maquinales, mejor. Debe señalarse que los procesuales ni de lejos escriben tantos libros como los diagramáticos (aparece algún ensayo casual, normalmente de alguien como Manuel DeLanda, pero es tan poco técnico que los miembros del grupo ni se molestan en leerlo; sus medios son los foros *on-line*, las páginas de ayuda y las revistas de papel *couché*). En estos días, el foco de su investigación no se centra tanto en los programas individuales, como en el trabajo en red inteligente de los sistemas de producción digitales hacia conjuntos más autoconscientes y controlables. Su objetivo es crear redes fluidas digitales que sirvan como verdaderos ecosistemas del despliegue de sus continuas operaciones de diseño. Comparados con los diagramáticos, su fascinación por las ciudades es práctica y directa: las ciudades son los emplazamientos donde se sitúan los mejores talentos en otros campos del diseño, las novedades técnicas y las industrias creativas. Esos colaboradores permiten entonces a los procesuales ensamblar la red de conocimiento técnico necesaria para perseguir mejor su propia obra de diseño orientado hacia la técnica.

Con estas observaciones podemos ver en qué punto convergen inesperadamente los procesuales y los diagramáticos alrededor de una fascinación compartida —por razones completamente distintas— por la ciudad contemporánea. Es la naturaleza esquizofrénica de esa escisión, entre cómo la mente del arquitecto contemporáneo diagramará o procesará el potencial de la ciudad contemporánea, lo que confirma algunas de las consecuencias arquitectónicas de una era delineada por disciplinas innegablemente globales, afiliaciones del saber y ciudades. Lo que podríamos denominar "inteligencia del diseño" hoy está bien definida en términos de la capacidad de un arquitecto para trasponer y negociar, para operar al margen de (pero a la vez en paralelo a) su propio campo de conocimiento. Independientemente de su forma, las ciudades simplemente estimulan esa capacidad. Por esa razón, no resulta sorprendente que la atención del arquitecto contemporáneo (por no decir su personalidad) se vea cada vez más dividida entre las fuerzas que dan forma a las configuraciones globales del urbanismo por un lado y, por otro, aquellos intereses asociados con sus progresivamente más maquinales sistemas propios de diseño. El único peligro de procesar este diagrama en particular podría ser el de la falsa ventaja: ver en nuestra elección una opción excluyente. Como señalaron Deleuze y Guattari en su día, cualquier tipo de esquizofrenia trae consigo el potencial de la multiplicidad productiva. Lo expresan en las primeras dos líneas de su propio esfuerzo por sobrepasar los presuntos límites de las personalidades escindidas: *"El Anti-Edipo* lo escribimos a dúo. Como cada uno de nosotros era varios, en total ya éramos muchos".[6] Que la hierba *es realmente* cada vez más verde confirma la ventaja de imaginar siempre muchos otros campos, y luego lanzarse.

----

[1] "Este libro nació de un texto de Borges. De la risa que sacude, al leerlo, todo lo familiar al pensamiento —al nuestro: al que tiene nuestra edad y nuestra geografía—, trastornando todas las superficies ordenadas y todos los planos que ajustan la abundancia de seres, provocando una larga vacilación e inquietud en nuestra práctica milenaria de lo Mismo y lo Otro". Foucault, Michel, *Les mots et les choses: une archéologie des sciences humaines*, Gallimard, París, 1966 (versión castellana: *Las palabras y las cosas: una arqueología de las ciencias humanas*, Siglo XXI Editores, Madrid, 2006⁴, pág. 1).

[2] Ibíd., pág. 59.

[3] Independientemente, encontrar una manera de trabajar tanto en Foucault como en ese Marx (en lugar del otro, más obvio) para este primer párrafo, me deja con la sensación, bueno, como de que ya he hecho parte del trabajo: es un tropo más de prestidigitación que de oposición. Ese "viraje" de conceptos opuestos hallado en los escritos de Foucault se convirtió, por supuesto, en uno de los temas centrales de uno de sus más fieles seguidores, como el propio Gilles Deleuze señaló: "Si mi libro pudiera ser algo más, yo apelaría a una noción constante en Foucault, la noción de doble. Foucault estaba obsesionado por el doble, incluyendo la alteridad característica del doble. Yo he pretendido hacer un doble de Foucault, en el sentido que él daba a este término: 'repetición, suplantación, retorno de lo mismo' [...], desdoblamiento y desgarramiento fatal". Deleuze, Giles, *Pourparlers 1972-1990*, Minuit, París, 1990 (versión castellana: *Conversaciones 1972-1990*, Editorial Pre-Textos, Valencia, 1995, págs. 137-138).

4 Lo que no implica que tales ejemplos recientes no dispongan de su propia genealogía. Recordemos que Le Corbusier prefería escribir libros cuando viajaba en trasatlánticos. Desde al menos los tiempos del Crystal Palace de John Paxton (un edificio proyectado y construido en cuestión de semanas para acomodar la primera ola europea moderna de viajes en masa), el turismo se ha mostrado como una maquinaria particularmente adecuada para incentivar la invención arquitectónica. Que tal diversidad de obras maestras de la modernidad, como la Weissenhofsiedlung de Mies van der Rohe (diseñada como muestra de una gran campaña promocional liderada por la AEG), o los parques temáticos de Disney (diseñados más como un muestrario del programa de televisión semanal de Disney), se iniciaran como instrumento para captar la atención de las muchedumbres en tránsito, sólo confirma el papel clave que ha tenido el viajar en la invención del espacio arquitectónico moderno.

5 Venturi, Robert y Scott Brown, Denise, *Learning from Las Vegas*, The MIT Press, Cambridge (Mass.), 1972 (versión castellana: *Aprendiendo de Las Vegas: el simbolismo olvidado de la forma arquitectónica*, Editorial Gustavo Gili, Barcelona, 1978); Koolhaas, Rem, *Delirious New York*, Oxford University Press, Nueva York, 1978 (versión castellana: *Delirio de Nueva York*, Editorial Gustavo Gili, Barcelona, 2004); Rowe, Colin y Koetter, Fred, *Collage city*, The MIT Press, Cambridge (Mass.), 1978 (versión castellana: *Ciudad collage*, Editorial Gustavo Gili, Barcelona, 1998[2]).

6 Deleuze, Giles y Guattari, Félix, *Mil plateaux: capitalisme et schizophrénie*, Éditions de Minuit, París, 1980 (versión castellana: *Mil mesetas: capitalismo y esquizofrenia*, Editorial Pre-Textos, Valencia, 2000[4], pág. 9).

Hacia un modo de producción no estándar
Patrick Beaucé, Bernard Cache
2003

¿Bajo qué condiciones puede tener significado una expresión como "arquitectura no estándar"? Tal vez sea más sencillo empezar por responder de forma negativa. De hecho, si una arquitectura no estándar consiste en generar superficies más o menos blandas que recibirán el nombre de "edificio" al ser transferidas a una batería de *software* de producción para crear unas construcciones carísimas sin relación alguna con el sedimento histórico y social que conforma la ciudad, entonces lo único que estamos haciendo es perpetuar el mito romántico del arquitecto artista.

Más allá de intenciones polémicas, esta introducción negativa debe servirnos para determinar una serie de criterios a los que nos gustaría responder de manera positiva para que no se nos escape aquello que verdaderamente está en juego dentro de las posibilidades de una arquitectura no estándar en el momento actual. Se trata de una cuestión de forma, ciudad y productividad.

Empecemos por la forma, pues ¿por qué íbamos a negarla? Ahí es donde reside la "fascinación". Sin lugar a dudas, una extraordinaria sensación de poder invade a cualquier arquitecto a quien los modelizadores de diseño asistido por ordenador (CAD) le proporcionen los medios para generar superficies que sería incapaz de crear con una regla y un compás. En este sentido, podríamos considerar tres tipos de forma. La sensación de poder puede aparecer en primer lugar gracias a modelizadores tan ergonómicos como Rhino, que proporciona los instrumentos para el diseño inmediato de superficies complejas hasta el punto de que no resultan seguras en cuanto a su coherencia espacial. La gente de a pie no tiene ni idea de esto, pero delinear los puntos de control de una superficie Nurbs para generar otra superficie fluida está al alcance de

Beaucé, Patrick y Cache, Bernard, "Towards a non-standard mode of production", en *Phylogenesis: FOA's ark*, Actar, Barcelona, 2004, págs. 390-405.

cualquier usuario tras un aprendizaje de media hora, y así es como debe ser. Que, por otro lado, haya que controlar esas superficies, modificarlas al intervenir en sus coordenadas, darles un grosor y fabricarlas..., eso es otro tema completamente distinto que puede resolverse pasándole el muerto a otro y multiplicando el presupuesto. De ahí el proverbio, repetido una y otra vez por arquitectos lúcidos como Alejandro Zaera-Polo: no puede construirse nada que no sea transponible a Autocad.

El segundo tipo de forma es la producida por generadores complejos, como los simuladores de movimientos de partículas que encontramos en programas de animación —como Maya, Softimage u otros—; no son criticables en sí mismos, pero que nunca se inventaron para fabricar objetos concretos y, por tanto, no prestan atención a ciertos aspectos como, por ejemplo, que las cuatro esquinas de un tablero sean coplanarias. En el primer caso, la fascinación nace de la simplicidad de una interfaz extremadamente transparente; por el contrario, en el segundo esa sensación procede del hecho de vernos al mando de motores tan complejos que ya no controlamos el impulso generador y de que el resultado nos llega como si estuviera cubierto por un manto de inocencia o, dicho de otro modo, por su carácter azaroso o accidental. Llegado el momento, este caos es totalmente determinista, pero, como no entendemos los algoritmos determinantes, las formas aparecen impresas con una suerte de aura conferida por su supuesta aleatoriedad.

Por último, existe una tercera vía, finalmente mucho más honesta, que consiste en prescindir de la caja negra del ordenador y ponerse a doblar papeles, como esos esquemas escultóricos avalados por el tiempo; éste es un proceso que tiene la ventaja de crear superficies viables, esto es, de curvatura cero, lo que se reduce a decir que esa superficie es intrínsecamente euclidiana.

La maqueta de papel tendrá que digitalizarse para transferirla a un programa que regularice sus superficies, antes de convertir los archivos en virtuosos trajes de *prêt-à-porter* para Permasteelisa.

En estas tres estrategias, lo "no estándar" viene a significar "original" o "complejo", pero en todos los casos continuamos anclados en una concepción propia de las bellas artes que parece convertir el proyecto arquitectónico en un acto de creación individual. Desde ese punto de vista, la arquitectura no estándar se inscribiría en una tradición de la singularidad que atraviesa todo tipo de actividades: la artesana, la artística, la industrial y la digital. El punto de vista alternativo es el de las series, el objeto como caso particular de una continuidad. No obstante, incluso ahí deben clarificarse las cosas pues hoy, gracias a la magia del *morphing*, sabemos que cualquier cosa puede convertirse en otra. Intentando evitar a Caribdis y al *unicum,* rápidamente caemos en la Escila de las transformaciones, perdiendo la consistencia necesaria para garantizar una continuidad artificial entre formas que no están relacionadas entre sí. ¿Qué es una forma? ¿Qué deben tener en común dos objetos para que podamos decir que tienen la misma forma? La respuesta reside en un concepto básico de la teoría arquitectónica, pero también en los axiomas modernos de la geometría formulados por David Hilbert en su libro *Fundamentos de la geometría*. Dos objetos tienen la misma forma cuando, independientemente de su tamaño, sus elementos tienen los mismos ángulos y mantienen las mismas proporciones. Unas palabras resbaladizas. La preocupación por la forma se nutre de una teoría de las proporciones que es necesario comprender si queremos evitar los peligros que, con demasiada frecuencia, acechan en el camino del pensamiento arquitectónico, desde la acústica neopitagórica al Modulor de Le Corbusier.

De hecho, la filosofía que plantea con mayor claridad el problema y su relación con la arquitectura se encuentra en *El sofista* de Platón. ¿De qué trata este libro? Platón se preocupa por esas gentes, los sofistas, capaces de sostener un argumento y su contrario y que, gracias a un discurso brillante, defienden tesis totalmente opuestas según su interés. En resumen, los sofistas son creadores de imágenes que practican el *morphing* mediante la retórica. Como tiene por costumbre, Sócrates dialoga para examinar dos posiciones antagónicas. Por un lado, la de Heráclito, según el cual todo fluye. Tal afirmación no es difícil de rebatir, porque si todo fuera cambio y sólo cambio, ¿cómo podríamos siquiera dar nombre a las cosas de las que hablamos? La posibilidad del *logos* presupone que existe un sustrato invariable. Por otro lado, la posición de Parménides resulta apenas menos frágil, puesto que pretende que Ser es Uno y sólo Uno permanece. Esta segunda tesis es todavía más difícil de sostener si nos ceñimos a la famosa dicotomía de Parménides, según la cual "el Uno debe ser por completo o no ser en absoluto". Entonces, ¿cómo es posible el discurso sofista, discurso que "es" pero es "falso" a un tiempo? En *El sofista*, Platón viene a reconocer que vivimos en un mundo que entrelaza el ser y el no ser. La palabra griega es precisa en extremo: *sumploke* significa "entrelazar" en contextos que van desde la interacción física del amor o del combate a las combinaciones de letras que forman las palabras.

Aparece entonces todo un mundo de imágenes y simulacro. El mundo visible es una copia del de las Ideas, que son las únicas entidades que escapan a la inmanencia y la corrupción. Pero esas copias no tienen ningún valor, puesto que no presentan necesariamente la misma relación con su modelo. Una vez más, Platón se muestra muy preciso refiriéndose a las artes visuales y a la arquitectura. Por un lado, tenemos buenas copias que respetan las proporciones del modelo y, por otro, simulacros, sombras y reflejos que no hacen justicia a la proporción. La "proporción" se designa en latín con el término *ratio* y en griego con el término *logos*. Nos encontramos ante los cimientos mismos de la racionalidad y del discurso. Para Platón todo objeto material se halla manifiestamente corrupto por el futuro. Tanto es así que ningún modelo físico puede igualar la Idea. La relación perfecta en Platón es la que puede convertir la identidad en una proporción ideal: la relación isométrica de igualdad, la ratio de 1:1.

Ya está, tenemos todo lo necesario para construir una filosofía de la imagen que resultaba imprevisible en los tiempos de Platón, pero que a pesar de todo genera sus especificaciones técnicas. Las Ideas, esos acontecimientos abstractos e invariables que escapan a la corrupción. En su primer grado tenemos la identidad, la relación de igualdad que permite superponer el objeto a la imagen, o permanecer sobre el movimiento. Lo mismo sirve para esas formas perfectas, como el círculo o la esfera, que se mantienen idénticas a sí mismas en el movimiento de rotación en torno a su centro. En la rotación invariante se mantienen las mismas medidas. A continuación tenemos aquellas copias algo degradadas que reproducen el modelo, aunque alterando sus dimensiones; aun así, estas copias serán buenas siempre y cuando el pintor, el escultor o el arquitecto haya respetado las proporciones correctas del modelo. Los artistas habrán producido una cantidad de "similitudes" con el fin de preservar tanto los ángulos como las proporciones. La ratio no varía debido a la *homotecia* (similitud), que es el *leitmotiv* de la filosofía de Tales de Mileto. La sombra de la pirámide varía según la hora, el día y la estación, pero la relación de la pirámide con su sombra permanece idéntica a la relación entre el *gnomon* (reloj de sol) plantado en el suelo y su propia sombra. Esas relaciones son invariantes variables, entrelazamientos del ser y del no-ser. Platón también reprime sus críticas hacia los escultores que alteran las proporciones de las estatuas situadas en el acroterio del templo con el fin de corregir sus deformaciones ópticas. Con toda probabilidad, el ángulo aparente de las distintas partes superpuestas cambia rápidamente cuando las estatuas se ven desde abajo, en perspectiva. Entramos aquí en el reino de las correcciones ópticas adoptadas por Vitruvio y transmitidas repetidamente desde entonces por los diferentes autores de los tratados arquitectónicos. No obstante, seamos extremadamente cuidadosos con esto. Platón no cuestiona la razón de ser de esas deformaciones. En ese tema adopta una actitud muy diferente de la de Claude Perrault quien, como buen cartesiano, rechazaría categóricamente la idea de que nuestros sentidos pudieran verse engañados. Un círculo siempre se percibirá como un círculo, aunque su perfil aparente sea una elipse al presentarse de lado. El demonio se lleve a esa gente que, como Juan Caramuel Lobkowitz, pretenda deformar la sección real de las columnas de la plaza de San Pedro del Vaticano con la intención de hacer evidente su deformación en perspectiva. El racionalismo cartesiano se mantiene completamente dentro de ese rechazo de las hipótesis del genio malvado. Vemos aquí una total incompatibilidad entre René Descartes y Gérard Desargues, autores ambos de textos fundamentales escritos en 1638. A decir verdad, deberíamos tomarnos el tiempo de observar con atención si no existía una distancia igualmente grande entre los dos grandes perspectivistas, Desargues y Blaise Pascal, siendo el último totalmente valedor del pensamiento del anterior, pero en un sentido que lleva a una mística del infinito, al contrario que Desargues, que trata el punto de fuga como un punto ordinario.

Este *hic et nunc* de la filosofía racionalista francesa entre 1638 y 1640 no depende de ningún *Zeitgeist*; nos encontramos ante líneas fuertemente divergentes dentro del denominado pensamiento "clásico".

Pero volvamos a Platón, que reconoce la validez de las correcciones ópticas y no niega a los artistas sus razones para minimizar la importancia del modelo; a lo que sí pone objeciones es al resultado. Una estatua colocada sobre una columna debe distorsionarse, pero esa copia con proporciones alteradas es el auténtico prototipo del simulacro desacreditado por Platón. Ello ocurre porque las matemáticas de su tiempo no podían ofrecerle los medios para entender Ideas que, debido a la deformación perspectiva, permanecen invariantes. Para ver algo más que corrupción, habría sido necesario que Platón dispusiera de las invariantes perspectivas y, en particular, de la relación de relaciones, ese *logos* de segundo grado que los matemáticos españoles llamaban *razón doble* y que expresa el valor numérico de lo que se conserva en las deformaciones perspectivas. Observamos también cómo se desarrolla el discurso de la ciencia. La invariante primitiva es la relación de identidad, una relación isométrica de igualdad. A continuación, llegamos a esa segunda invariante variable que articula la racionalidad griega y de la que no nos desprendemos hasta 1638, al menos en lo que se refiere a su traducción al espacio geométrico: la relación de *homotecia.* Aquí hace su entrada Desargues, seguido de cerca por Pascal, ambos autores de las primeras invariantes perspectivas geométricas, alineamiento e intersección, previas a la invención de la doble relación numérica. Tras Desargues hicieron falta unos doce años para que Leonhard Euler produjese, en 1736, las primeras invariantes topológicas, que se preservan a través de deformaciones superficiales del tipo que sean, mientras se respete su continuidad. La famosa fórmula de Euler, que establecía la invariabilidad de la suma del número de vértices y caras reducido por el número de lados de cualquier poliedro, constituye la primera invariante topológica a partir de la cual se abrió un área de investigación que está lejos de verse agotada (por ejemplo, la teoría de invariantes que caracteriza a los nudos sigue siendo un tema de investigación que despierta gran interés entre los matemáticos contemporáneos). No obstante, será en 1871 cuando Felix Klein, más conocido por su botella, aproveche ese movimiento de razón geométrica, que progresará hasta la invención de invariantes cada vez más sofisticadas que nos permitirán manipular variaciones aún mayores.

¿Qué relación puede tener este brevísimo examen de la geometría con la posibilidad de crear, hoy en día, una arquitectura auténticamente no estándar? ¿Qué relación puede tener con la arquitectura y lo no estándar? Evocaremos una definición clásica de arquitectura: ordenar la diversidad del espacio de manera que garantice la máxima libertad a la colectividad que lo frecuenta o lo coloniza. Ordenar significa proporcionar una diversidad que no es habitable de manera natural sin una invariante. El espacio absoluto es un exterior apenas más habitable que la hipermalla de una arquitectura totalitaria. Buscamos artefactos que garanticen las invariantes necesarias para proporcionar variables lo más adaptables posible. Esto es lo que nos preocupa en una arquitectura no estándar, en la que pensamos que las tecnologías digitales pueden permitir cruzar un umbral, sin que esa noción sea propiamente nueva. Porque, de hecho, si dejamos de lado las formas extremas que han producido arquitectos con invariantes isométricas (como el Cenotafio para Newton o los espacios totalitarios de Ludwig Hilberseimer), el pensamiento arquitectónico siempre se ha decantado preferentemente hacia las invariantes proporcionales, hasta el punto de que Le Corbusier insiste en una vuelta a la proporción al intentar elaborar un sistema universal para la estandarización industrial. Que luego invoque una concepción armónica, neopitagórica, tomada de una pieza de los ideologistas alemanes del siglo XIX, no devalúa un ápice la pertinencia de un concepto de proporción en la arquitectura; al contrario, ese error moderno prueba lo difícil que resulta imaginar la arquitectura sin proporción. Además, cuando los teóricos del renacimiento italiano prueban a interpretar el sistema perspectivo inventado por Filippo Brunelleschi en 1420, deben remitirse continuamente al sistema de proporciones, tratando en vano de reducir las coordenadas perspectivas y estableciendo ratios simples entre los segmentos menguantes de un área pavimentada vista en perspectivas, aunque ése no sea un caso canónico de doble relación perspectiva.

La cuestión es que la arquitectura nunca llegaría a entender las ratios perspectivas si no es de un modo muy ambiguo, y ello a pesar de que la geometría proyectiva fue enunciada y finalmente inventada por arquitectos, una filiación que se extiende a lo largo de dos siglos, desde Brunelleschi a Desargues, que incluye a Philibert de l'Orme y que se prolonga, por lo menos, hasta Garspard Monge, cuya primera área de aplicación fue la de las fortificaciones militares de la École Mézières. Aunque son los arquitectos quienes han elaborado las coordenadas perspectivas, las obras de estereotomía que integran esa geometría en la producción de una arquitectura siempre han sido secundarias: como mucho las magníficas bóvedas del ayuntamiento de Arlés, pero a menudo resultan sólo simples añadidos, como en las adaptaciones de las trompas de Philibert de l'Orme. El lugar de las invariantes topológicas, estructuras de cintas y similares, se presenta bajo una luz aún más problemática; aparecen como un nudo o ramaje vegetal que desempeña el papel de un motivo ornamental básico, registro en el que, antes que los proyectos más contemporáneos, esas formas topológicas casi nunca aparecen, a excepción de algunas aplicaciones específicas como las de las extraordinarias combinaciones de escaleras que Philibert de l'Orme creó para el palacio de las Tullerías. Sin duda, este análisis formal necesita refinarse, pero cuanto más consideramos la historia de la arquitectura desde el punto de vista del diseño y de la fabricación asistidos por ordenador (CFAD), más nos parece que la tradición siempre incorpora, aunque en dosis muy distintas, esos cuatro tipos de invariante: isométrica, homotética, proyectiva y topológica. Lo que ocurre hoy es que disponemos de medios que permiten cuestionar repetidamente al sistema de jerarquía implícito entre esos distintos registros, para futuro provecho de invariantes más sofisticadas, tanto proyectivas como topológicas. No obstante, todavía no creemos en una arquitectura meramente topológica, aleatoria, fluida, móvil o virtual, por no mencionar una arquitectura no euclidiana, o cualquier otra cosa, como no se creyó en su día en una arquitectura isométrica que era central, ortogonal y panóptica. Estamos mucho más ocupados en la búsqueda de un entorno ordinario que incorpore los diferentes registros de invariantes, pues con el fin de otorgar más espacio todavía a la alternancia malla/caos en las periferias urbanas, el consenso mediático se muestra cada vez más a favor de las discontinuidades espaciales situadas en ciertos enclaves privilegiados.

Hablando en general, y salvo una situación en que ciertas invariantes se formulan por el contexto real del edificio, la arquitectura ordenará la diversidad del espacio mucho mejor cuando ponga a cada una de las cuatro invariantes en juego mediante la desterritorialización de su registro tradicional de aplicación: la isometría de planos centrales, la homotecia de unos órdenes proporcionales, la proyectividad de sólidos complejos y la topología de ornamentos entrelazados. Esta reinterpretación de los registros tradicionales implica una relectura de las tipologías urbanas. Una arquitectura basada en invariantes variables nos permite volver, en efecto, a la tipología en una forma distinta a la neoplatónica basada en la reproducción idéntica o proporcional de un modelo. La ciudad se convierte así en un campo para la variación de invariantes históricas.

Ahora bien, puesto que, al menos en parte, las relaciones en la ciudad están determinadas por los sistemas de producción, ¿qué debe hacerse para que una arquitectura no estándar se convierta en un hecho social diferente al último mecanismo de legitimación de una clientela que tiene los medios para aumentar los presupuestos convencionales? ¿Cómo se puede prevenir que lo no estándar acabe desmoronándose en un formalismo de originalidades? ¿Cómo podemos hacer que el objeto se conciba y se produzca genuinamente como un elemento único de una serie? ¿Cómo integramos al objeto arquitectónico en la trama urbana? En nuestra opinión, existe una respuesta básica a todas estas preguntas: la productividad de organismos de diversas arquitecturas, una creación que sigue de cerca a la fabricación. Desde este punto de vista, la cuestión de la arquitectura no estándar no difiere del problema básico de las sociedades posindustriales, es decir, la producción general de servicios. El arquitecto es un trabajador cuyo modo de producción se ve condicionado por las tecnologías digitales, pero el desarrollo de éstas no tiene nada de natural. En ese sentido, la programación de *software* es al mismo tiempo el género más importante de la cultura contemporánea y el terreno privilegiado para una confrontación de las fuerzas que organizan la producción en nuestras sociedades. En ese campo existe un concepto estratégico que determinará la forma que tomará la arquitectura estándar en los años venideros, el concepto de la asociatividad. ¿Qué hemos de entender por asociatividad? La asociatividad es el método de *software* para constituir el proyecto arquitectónico en una larga secuencia de relaciones, desde las primeras hipótesis conceptuales hasta la dirección de las máquinas que prefabrican los componentes que deberán montarse en obra. Diseñar un *software* asociativo se reduce a transformar el diseño geométrico en un interfaz de lenguaje de programación. De ese modo, crear un punto en la intersección de dos líneas ya no consistirá en la creación de un elemento gráfico, sino en establecer una relación de intersección sobre la base de dos relaciones de alineación. En ese caso, el lector percibirá que esto implica dos invariantes proyectivas básicas, así como dos gestos primitivos en el espacio: apuntar e interceptar. Todo el interés de los programas de *software* asociativo CFAD reside en la traducción de esas relaciones geométricas a un programa que vele por que el punto de intersección se recalcule como es debido cuando se desplazan los puntos finales de los segmentos de las líneas intersectadas. Es evidente que en este caso únicamente se supone un vínculo elemental y todo ello tendrá interés arquitectónico sólo en el caso de que seamos capaces de organizar largas secuencias de subordinadas sobre la base de un pequeño número de elementos primitivos denominados, en jerga técnica, "progenitores originales". La primera consecuencia de la asociatividad es la necesidad de formalizar el proyecto arquitectónico de un modo racional, haciendo un gran esfuerzo en la distinción de antecedentes y dependientes, puesto que, en caso de no hacerlo, se corre el riesgo de crear referencias circulares o todo tipo de incongruencias lógicas. La asociatividad constituye, pues, un filtro que nos obliga a pensar racionalmente el proyecto arquitectónico y explicar sus hipótesis. Finalmente, eso debería animar a un pensamiento claro sobre los procesos y conceptos de la arquitectura. También podrá sorprendernos que esta idea haya despertado tan poco interés entre aquellos que alardeaban de ser los campeones de la arquitectura racional. Lo que acabamos de describir sólo concierne a las actividades de la concepción del proyecto. Ahora bien, la gran dificultad de la arquitectura no estándar reside en la enorme cantidad de datos que deben generarse y manipularse para fabricar industrialmente componentes que son totalmente distintos entre sí a un precio no sea necesariamente mayor que si fueran estándar. Para dirigir eficientemente estos flujos de datos y para garantizar una asociatividad plena y completa entre la creación y la fabricación, es fundamental trabajar, sobre todo, en el propio núcleo o programa de control, de modo que eso nos permita, entre otras cosas, asegurar el control dimensional de los componentes que sigue a la fase de creación, y eso hasta incluir la generación de los programas (código ISO) que controlen las máquinas digitales para la producción de objetos. Con esta base, las especificaciones técnicas de un sistema asociativo CFAD incluyen al menos cuatro elementos básicos. El primero tiene que ver con la necesidad de manejar enormes grupos de elementos complejos, todos ellos distintos, elementos que ya no es posible diseñar uno a uno, lo que provoca que tengamos que recurrir a un proceso conocido en términos técnicos como "inserción de componentes". El diseño de un proyecto usando inserción de componentes nos obliga a pensar previamente en un "modelo" de relación que pueda aplicarse a todas las situaciones en las que tengamos que crear un componente de este tipo. El modelo es, por decirlo de algún modo, una invariante que tenemos que encajar con todas las variaciones a los que serán sometidos los términos sobre los que hemos establecido relaciones.

Que el platonismo contiene la simiente de toda evolución tecnológica de nuestras sociedades occidentales es una afirmación que ya no supone para nosotros objeto de especulación teórica, pues es el resultado de verificaciones empíricas. Ya hemos experimentado situaciones en las que la puesta en práctica de esta lógica de componentes en un proyecto no estándar ha sido capaz de generar beneficios en un factor de ¡uno a cien! Es más, sólo entendiendo expresamente unos beneficios de productividad de ese orden puede el término "arquitectura no estándar" tener significado.

Otro aspecto de las especificaciones técnicas es la necesidad de trabajar en flujos distendidos y en un estado de información provisional hasta el último momento, y de hacerlo de forma deslocalizada. Fue László Moholy-Nagy quien, en la década de 1920, sostuvo que una obra podía considerarse moderna si era posible explicarla por teléfono. Eso es más cierto, si cabe, hoy en día.

La multiplicidad y dispersión de los interlocutores y la volatilidad de las decisiones nos obligan a empezar a formalizar el proyecto sobre la base de una información incierta. Algunos valores fácilmente susceptibles de corregirse deben poder darse por defecto, algunos puntos deben ser susceptibles de definición en un emplazamiento geométrico sin recibir una posición definitiva en dicho emplazamiento, los programas de manufactura deben poder actualizarse la noche antes de su ejecución. Antes de tomar forma como edificios construidos, la arquitectura no estándar procede de una arquitectura abstracta que organiza el flujo de datos necesario para la producción digital, y lo hace de una manera mucho más automatizada puesto que ya no existe intermediario entre el creador y la máquina. La modificación de uno de los "progenitores originales" del proyecto debe poner automáticamente en marcha la actualización de toda la secuencia de información, puesto que la intervención humana siempre está sujeta a error. Tal como están las cosas, una arquitectura verdaderamente no estándar sólo surgirá con la condición de que reproduzca, en el terreno de la construcción, lo que ha ocurrido en el terreno de la edición. Del mismo modo que en la actualidad es posible escribir y publicar en Internet lo que se ha escrito para que un lector lo imprima a su voluntad desde otro lugar, la arquitectura no estándar presupone que el creador de un edificio debe ser capaz de producir todos los documentos necesarios para la producción a distancia de componentes arquitectónicos sin una intervención a posteriori de una oficina de control o de estudios financieros que filtren sus errores.

Por último, para que todo esto no quede en la fase utópica, esa secuencia automatizada de datos deberá incluir los documentos que sirvan como prueba de las transacciones económicas necesarias para la producción de la estructura: especificaciones, mediciones, presupuesto, contratas, planos de montaje, etc.

Seguramente, todas esas especificaciones técnicas transformarán la asociatividad en un mecanismo a la vez poderoso y complejo. Los programas de CFAD empiezan a poner en práctica arquitecturas computerizadas en esferas tales como la mecánica. Sin embargo, nada hay que sugiera que toda esta asociatividad plena y completa pueda ver la luz, excepto en aplicaciones industriales excesivamente limitadas y compartimentadas. Entran en juego muchos factores de orden legal, social y cultural, que pueden resumirse en la siguiente fórmula: para que la asociatividad no se convierta en una mera destreza tecnológica y para que se inscriba en la realidad económica, es necesario que la creación y la producción estén fuertemente integradas. De hecho, ¿qué sentido tiene desarrollar instrumentos de *software* altamente sofisticados si no encuentran usuarios y, en particular, arquitectos que estén preparados para entender su funcionamiento? La habilidad y el rigor necesarios para el uso de tales programas implican que están destinados por naturaleza a usuarios bien informados y armados con un cierto nivel de razonamiento lógico y geométrico. ¿De qué sirve, además, desarrollar una asociatividad entre la creación y la fabricación, si en la práctica los industriales y constructores no pueden establecer relaciones que les permitan aprovechar la continuidad del flujo de información? Mientras esos colectivos no encuentren la fórmula que les resulte ventajosa para colaborar y no romper artificialmente la cadena culpando a los demás, la asociatividad no será más que una estrategia de marketing del productor de *software* o, peor aún, un error estratégico en el crecimiento económico. Ahora más que nunca, la arquitectura sólo podrá beneficiarse de las oportunidades ofrecidas por lo no estándar a condición de que, progresivamente y con paciencia, construya una cultura genuina de la producción digital.

Una forma avanzada de movilidad

Greg Lynn

1997

Existe una creciente e implacable inercia en la arquitectura que toma la forma de una apatía reaccionaria contra los dramáticos cambios en las estructuras, tanto materiales como inmateriales, que surgen en la sociedad actual. La arquitectura sea tal vez la última disciplina que utiliza el cartesianismo, no sólo por su conveniente sencillez sino también (y esto es más censurable) porque se aferra a una fe reaccionaria en la ética de la estática. La arquitectura es el último refugio para los miembros del club de "la tierra es plana", cuya ingenua idea de una gravedad uniforme que emana de la tierra se traslada, sin análisis crítico, a unos modelos estáticos simples de verticalidad y ortogonalidad espacial. Las complejas y dinámicas formas de la construcción que incluyen los empujes del viento, las contraflechas, las distintas cargas de uso y las condiciones inestables del terreno, pero no se limitan a ellas, son sistemáticamente desatendidas. En resumen, apenas existe movimiento alguno en la arquitectura, ni intelectual ni literalmente. Siempre ha sido así, pues la arquitectura es, tal vez por definición, el estudio y la representación de la estática, e incluso parece que a los arquitectos les gustaría dejarla como está.

Si los arquitectos pretenden participar en las fuerzas dinámicas, a menudo inmateriales, que conforman la ciudad contemporánea, deberían asumir tanto una ética como una práctica de la movilidad, lo que incluye comprender que los modelos clásicos de formas y estructuras puras, estáticas, esencializadas e intemporales ya no son adecuados para describir la ciudad contemporánea y las actividades que soporta. Desde el punto de vista cultural y técnico, es inevitable que la ética de la movilidad venga proporcionada por el uso de la tecnología informática.

Lynn, Greg, "An advanced form of movement", en *Architectural Design*, vol. 67, 5/6, Nueva York, 1997, págs. 54-55.

Otro hecho evidente es que a los arquitectos se les exige ser capaces de desenvolverse a niveles de abstracción cada vez mayores para poder proyectar los procesos materiales. Esa acción a distancia sobre la forma física ha sido siempre la eterna tarea de los arquitectos. El repertorio de técnicas espaciales, organizativas y de representación de la arquitectura se desarrolla en respuesta a esa necesidad de abstracción. Pero, en toda la historia de la arquitectura, jamás se ha prestado atención alguna al desarrollo de las técnicas basadas en el movimiento. La razón hay que buscarla en que tanto los arquitectos como la sociedad están de acuerdo en que su disciplina es inerte y consiste en el estudio de lo estático.

Históricamente, los estudios acerca de la movilidad han gravitado sobre técnicas que gestionan sin problemas información compleja, permitiendo el estudio de un flujo temporal. Actualmente existen programas de ordenador que parecen ser adecuados para el estudio de la movilidad. El interés de la informática reside no tanto en su carácter de instrumento de mecanización del diseño como en el hecho de que sea un medio con el que los diseñadores pueden volver a conceptualizar los antiguos problemas de nuevas maneras. El *software* de animación contemporáneo tiene interés porque supone un nuevo medio para el diseño, de igual forma que la perspectiva fue una técnica que se convirtió rápidamente en un instrumento de diseño más que en una técnica descriptiva o analítica. En otros contextos he subrayado las tres características del *software* de animación que constituyen este nuevo medio: 1) movilidad; 2) parámetros; y 3) topología, tres características que permiten que los arquitectos puedan enfrentarse al diseño de forma radicalmente distinta.

La idea de forma en movimiento no es nueva; ahora bien, las instrumentalidades a través de las que puede pensarse están ya muy avanzadas. Es importante distinguir entre lo avanzado y lo nuevo. Movilidad y estaticidad no son ideas nuevas, sin embargo es difícil, complejo e incómodo concebir una forma en movimiento con escuadra y cartabón. Los arquitectos son fundamentalmente simplistas en sus técnicas, de modo que la escuadra y el cartabón producen un tipo específico de simplicidad arquitectónica. Y sencillamente, con técnicas más avanzadas, resulta económica e intelectualmente posible que los arquitectos diseñen con un concepto más complejo de movilidad y estabilidad. La movilidad no es una idea nueva, es una idea que gana en complejidad e interés, sobre todo debido a la irrupción del *software* y el *hardware* de animación en el territorio de la arquitectura.

La aproximación a esas máquinas de cálculo debe ser barroca en espíritu por dos razones principales. En primer lugar, el barroco fue el momento artístico en el que los procesos de movilidad y dinamismo se experimentaron con mayor rigor en el diseño y en la construcción de la forma arquitectónica. En segundo lugar, se trata del último momento de resistencia antes de que la mayor parte de las disciplinas intelectuales se proveyeran con el reduccionismo cartesiano y la matematización. Leibniz, principal pensador del período barroco, es una figura crucial para cualquier discurso sobre los procesos de la movilidad, incluso hoy en día. La aproximación a los flujos informáticos estaría más cerca de los modelos abstractos de las propiedades materiales del barroco que de los experimentos sobre inteligencia artificial de las décadas de 1960, 1970 y 1980 e, incluso, que de la cibercultura de la generación X de la década de 1990. Por fin podemos dejar de referirnos a los ordenadores con la metáfora del cerebro; la idea de que el ordenador piensa, como un animal pero que tuviera una inteligencia artificial, generalmente hoy se tiene por ridícula. Cuando se habla de la tecnología digital, en cambio, a menudo se compara con los metales líquidos, las nubes de partículas o los materiales en bruto. El reino de lo digital está poblado de compuestos abstractos con propiedades intrínsecas y de restricciones que marcan sus límites interactivos de forma, configuración y comportamiento en el tiempo. Éstos son los atributos del medio digital que tan desesperadamente requieren las nuevas sensibilidades arquitectónicas y aproximaciones compositivas actuales.

La única característica que diferencia todos esos procesos informáticos es la integración de los flujos temporales y las fuerzas formalizadoras en la descripción de la forma a través del tiempo. En lugar de manipular formas congeladas y estáticas, esos métodos implican una coreografía de organizaciones a través de la manipulación de efectos de fuerza en un entorno basado en el tiempo: éste es el método proyectual del cine de animación. Al recuperar las tecnologías espaciales que los arquitectos ofrecieron a Hollywood hace décadas, puede obtenerse una gran cantidad de técnicas basadas en la dinámica de la movilidad, tanto para la representación del espacio como para la simulación de procesos organizativos complejos.

Al igual que existe una diferencia entre el movimiento literal y el diseño de forma en términos de fuerza y movilidad, me gustaría sugerir una diferencia entre el urbanismo y la arquitectura. La arquitectura tiene que ver con técnicas de formación y estabilización, mientras que el urbanismo se caracteriza por interacciones más difusas y transitorias entre movimientos superpuestos, flujos, densidades e intensidades. Las cualidades de la arquitectura son principalmente las de la forma singular, mientras que las cualidades urbanas se identifican con gradientes dentro de campos. La arquitectura puntúa estos campos de gradientes con la estabilidad. El uso del término 'estabilidad' es intencionado, como sustituto de 'estaticidad'. La estabilidad puede conseguirse dentro de un complejo de fuerzas interactivas a través del movimiento rítmico y de la fluctuación; mientras que la estaticidad implica un inactivo intemporal, la estabilidad implica una persistencia dinámica. La arquitectura no necesita ser estática para persistir. La diferencia clave reside en el tiempo; la arquitectura estática se concibe ajena al tiempo, mientras que la estable debe concebirse basándose en el tiempo. Para aprovechar la relación entre campos y formas se necesitan nuevas técnicas de descripción de la forma y de sus transformaciones.

Durante toda la historia de la arquitectura, el interés por la movilidad ha supuesto la detención de fuerzas dinámicas como formas estáticas mediante el trazado. En consecuencia, los campos de fuerzas y los movimientos urbanos siempre se han entendido como alineaciones fijas sobre las que podían trazarse formas. Para trabajar como arquitecto con las fuerzas urbanas en su estado informe, se precisa diseñar en un entorno que no sea estático sino dinámico. Es necesario que los arquitectos desarrollen técnicas que puedan relacionar campos de gradientes de influencia con formas de organización flexibles pero definidas. Este hecho constituiría un gran salto desde una arquitectura diseñada con técnicas basadas en el equilibrio de un espacio estático cartesiano a técnicas de diseño en un espacio de gradientes dinámicos. No es necesario que la arquitectura se mueva literalmente, pero debe conceptualizarse y modelarse en un campo urbano que se entienda como dinámico y que se caracterice por fuerzas más que por formas. Para el arquitecto, a menudo las cuestiones urbanas son de gran escala o de tejido. Para enfrentarse a patrones de organización a escala de la ciudad que se diferencian sutilmente, es necesario que los arquitectos empiecen a diseñar utilizando sistemas de simulación dinámicos de fuerzas y campos urbanos.

Los emplazamientos se convierten no tanto en formas o perímetros, como en entornos de fuerzas y dinámicas graduales. Al igual que los gradientes de temperatura, que no tienen bordes o contornos definidos, los emplazamientos son más o menos como medios líquidos con características acuosas de flujo y transformación en el tiempo. Aunque esos gradientes acuosos podrían cristalizarse en forma, se emplea una alternativa que marca la diferencia entre los efectos de los campos urbanísticos y las singularidades concretas en el seno de esos campos que se transforman en formas. Más que congelar los campos, se introducen prototipos flexibles en estos entornos de fuerzas digitales líquidas; más que construir los campos, se hace una distinción útil entre fuerzas y objetos, entre flujos y las singularidades que emergen en ellos. Estos efectos de movimiento a gran escala pueden entonces utilizarse para componer y configurar elementos heterogéneos singulares. De este modo, se hace posible marcar una distinción entre lo arquitectónicamente singular y lo urbanísticamente continuo.

La forma basada en el cálculo. Una entrevista con Greg Lynn

Ingeborg M. Rocker

2006

La llegada del *software* interactivo de animación —que anteriormente sólo se utilizaba en la industria cinematográfica de Hollywood o en la fabricación de automóviles— provocó una transformación dramática en el diseño y el discurso arquitectónicos de principios de la década de 1990.[1] En particular, las formas arquitectónicas se desplazaron de la fragmentación poligonal y rectilínea hacia curvas suaves y continuas, subvirtiendo tanto la caja moderna como sus residuos deconstructivistas.

Greg Lynn, quien en 1992 acababa de establecer su despacho de arquitectura FORM, era uno de los defensores de este espectacular cambio y sus proyectos han influido intensamente en la actual generación de arquitectos.[2]

Además, los escritos de Greg Lynn han cambiado la dirección del discurso arquitectónico,[3] proporcionando el marco intelectual necesario para una apropiación de la investigación en *software* y plantear un reto a la forma arquitectónica.

Esta entrevista muestra cómo durante la década de 1990 la obra de Lynn empieza explorando el *software* interactivo convencional, hasta que, más recientemente, se ha dedicado a la programación de *software* específico y a la producción de entornos informáticos, centrándose en el impacto que tienen los sistemas de producción informáticos y los programarios de cálculo sobre la producción de forma arquitectónica.

Rocker, Ingeborg, "Calculus-based form: An interview with Greg Lynn", en *Architectural Design*, vol. 76, 4, Nueva York, 2006, págs. 88-95.

Software: nuevos medios para la experimentación arquitectónica

FORM nació en 1992 con el objetivo de desarrollar un cuerpo de conocimiento —o al menos un vocabulario— con el que tratar cuestiones de forma. Según Lynn:
"Me parecía que el ámbito de la arquitectura estaba perdiendo su discurso y sus tesis acerca de la forma. De manera que decidí desafiar y reivindicar la 'forma'."

Lynn heredaba la obsesión por la forma de su maestro y mentor Peter Eisenman, quien, desde principios de la década de 1970, había trabajado principalmente en una experimentación formal regida por sus procesos generadores. A pesar de las muchas semejanzas, el estudio FORM de Lynn intentó alejarse de los mecanismos de exploración de Eisenman:

"Siempre he intentado huir de la burbuja morfogeneradora donde me encontraba. Lamento decir que en realidad no lo he conseguido y que todavía lucho por situar mi trabajo fuera del marco teórico de la década de 1980 que justificaba las formas mediante procesos de transformación analítica."

Para el desarrollo de nuevas formas de experimentación, presentación y producción, los medios digitales se hicieron imprescindibles:

"Siempre es más interesante arrancar con un inventario de lo que las máquinas pueden hacer por nosotros, antes de empezar a pedirles cosas a ellas."

De este modo, los arquitectos empezaron a interesarse por las maneras de operar de un *software* determinado, más que por las maneras de operar de la máquina digital. El desarrollo ya no se basaba en la historia y en la teoría de la arquitectura, ni en formas pretéritas del diseño y de la producción arquitectónicas, sino en los regímenes tecnológicos de los aparatos de diseño informáticos. Como nuevo medio de investigación y generación de forma, el *software* cambió la manera de pensar y de diseñar de los arquitectos.

"Creo que los instrumentos del *software* son diferentes de los clásicos como el compás, el paralex y las escuadras graduables. Recuerdo que cuando estudiaba en Princeton University me encantaba dibujar con plumilla y tinta sobre poliéster, y recuerdo que descubrí una plantilla flexible de curvas de fabricación alemana hecha con discos de aluminio cubiertos de goma. Aún tengo varias de distintos tamaños. Cuando empecé a usar Microstation,[4] a finales de la década de 1980, fue porque tenía unos comandos llamados *splines*. Recuerdo estar dibujando cientos de horas en un apartamento pequeño con la plantilla de curvas de goma y las escuadras graduables para realizar los dibujos de la torre Sears. Son los últimos planos a mano que hice, porque las herramientas digitales me parecieron mucho más sólidas y apasionantes."

En su aproximación ejemplar a este cambio en la profesión, Lynn utilizaba el *software* informático como un medio nuevo en el que, y a través del cual, podían tener lugar experimentos geométricos y formales basados en el cálculo desconocidos hasta el momento.

"Realmente quería explorar el medio informático tanto a nivel básico como profundo y siempre he arrancado con los principios iniciales del *software* y sus motores geométricos. Hay demasiada gente que entiende el ordenador como una herramienta para facilitar la expresión o bien como un sistema pseudocientífico, cuando únicamente es un instrumento de diseño más."

De modo que fue el *software* de diseño asistido por ordenador (CAD) —que entonces facilitaba el trazado de vías y el modelado topográfico utilizando *splines*— más que las operaciones genuinas del ordenador lo que no sólo introdujo sistemas de generación y producción de forma, sino que también destacó el papel constitutivo del instrumento en el pensamiento y en el diseño arquitectónicos.

Forma animada

Poco después, Lynn empezó a experimentar con el potencial de *software* de animación como Alias y, más tarde Maya, para generar forma.

"Me parecía que el programario de la animación tenía entidades geométricas y modelos de cálculo geométrico similares porque los animadores usaban puntos de anclaje que se podían interpolar de manera infinitesimal, pues ésa es la naturaleza de la animación fotograma a fotograma. Había muchos subproductos formal y operativamente interesantes de esa sensibilidad espacial y temporal entre los medios digitales de los instrumentos de animación de Hollywood.

Siempre he estado utilizando el *software* de CAD de un modo u otro con estas cosas. Robert Aish se dio cuenta del gran número de arquitectos que hacía uso de herramientas como Maya y su lenguaje de programación operativo para construir instrumentos de modelación hechos a medida, de modo que empezó a desarrollar un lenguaje de programación para Microstation."

La aproximación de Lynn al proyecto arquitectónico, un poco a contrapelo de la intuición, buscaba lo impredecible, los accidentes felices. La experimentación juguetona —el azar— sustituyó al proyecto predeterminado.

"Empecé a conocer el *software* experimentando, pero tras un accidente feliz sólo tiene sentido que practiques, adquieras dominio e integres el resultado inesperado en una técnica. Disfruto de los momentos en que descubro un potencial nuevo en el *software* pero, en cuanto lo encuentro, procuro convertirlo en una técnica."

Lynn utiliza la intuición tal como la describe Henri Bergson.[5] Según Lynn: "La intuición es el momento en que los principios y las técnicas de una disciplina están tan integrados que uno es capaz de extrapolarlos, desarrollarlos y extenderlos como un invento o una innovación. Demasiado a menudo se entiende esto como lo opuesto al rigor y al conocimiento, y eso es una completa incomprensión del término intuición".

El éxito de Lynn se basa en la exploración exhaustiva y en la integración de todos los principios que descubre de forma accidental. Sólo el uso riguroso de *software* interactivo le permite llegar a un punto en que los resultados pueden anticiparse sin estar predefinidos por una lógica. Esa exploración exhaustiva del *software* interactivo ha transformado no sólo la forma de diseñar sino, tal vez de manera más significativa, los conceptos de forma y espacio.

"A lo largo de la historia de la arquitectura, la estética y la construcción se han basado en puntos fijos con coordenadas exactas que se definen en relación a la posición de un cero absoluto. Nuestro discurso se ha centrado, comprensiblemente, en proporciones de números enteros y series de números enteros, en formas que pueden idealizarse y reducirse a esos principios matemáticos y al valor simbólico resultante de los números enteros. Me daba cuenta de que el *software* contemporáneo podía estar animado porque los motores geométricos que utilizaban estos programas se basaban en el cálculo. Podías mover un objeto y luego interpolar toda una colección de variables en pasos infinitesimalmente menores. Los puntos del espacio se hacían fluidos debido a las relaciones en cálculo de las variables, y eso moldeaba y daba forma a los modelos. Al principio, en *Animate form* centré mi pensamiento sobre la revolución de la movilidad. Sólo un año más tarde me di cuenta de que la revolución real estaba en el uso de un invento de tres siglos de antigüedad: el cálculo."

Recientemente, Lynn ha mostrado menor interés en justificar o dar cuerpo a la fuerza y al movimiento y más en la geometría de las curvaturas generadas por cálculo.

La forma basada en el cálculo

En ese contexto, las cuestiones de relación entre las partes y el todo (que sugieren que el todo es más que la suma de las partes) le resultan a Lynn más cercanas y estimulantes que las de la percepción dinámica y el movimiento literal, como en un coletazo de la teoría finisecular de la *Gestalt*, y sus referentes arquitectónicos aparecen también más centrados en una interactividad individualizada que en temas culturales o cívicos.

"La arquitectura tiene una historia disciplinar y una responsabilidad en la expresión de las relaciones y jerarquías entre las partes y el todo. Al principio, como éramos aficionados, no expresamos estas cosas y, en su lugar, los edificios se proponían como descomunales masas monolíticas de una sola pieza. Ignorar la historia y la riqueza del ensamblaje es olvidar el impacto real del cálculo."

Sus *blobs* tensionados de la década de 1990, la Casa embriológica, el proyecto de viviendas en Kleiburg (Holanda) y las 50.000 teteras y cafeteras para Alessi son todos diseños característicos que exploran las relaciones de las partes con el todo.

Sin embargo, enfrentado a un ejercicio profesional creciente y encargos cada vez mayores y más complejos, Lynn ha dado la espalda a los programas estándar de diseño y se ha concentrado en las herramientas hechas a medida.

"Hacemos algo de programación para Microstation Generative Components, pero eso significa enviar a gente del despacho a sesiones de formación con Robert Aish, y también significa escribirnos por correo electrónico para cuestiones específicas y hacerle venir a él a la oficina cada seis o nueve meses. Empezamos a utilizar el *software* de Gehry Technologies[6] y encontramos que la paramétrica era muy sólida, así que estamos sistematizando y programando cada vez más herramientas de diseño para este *software*. Lo utilizamos siempre en trabajos importantes.

Estamos haciendo el proyecto de mi casa, la casa Slavin, con este programa para evaluar los límites del *software*. Es admirable, y bastante fácil de pasar al diseño de herramientas a medida para hacer modelado paramétrico. También tenemos gente del despacho formándose con Dennis Shelden y Christian Ceccato, de Gehry Technologies, de modo que ya no les tenemos que molestar tanto pidiendo ayuda. De todas maneras, también colaboro con Frank O. Gehry en un proyecto, así que vamos continuamente a su despacho: hay muchos más niveles de colaboración aparte del *software*, así que el uso de su *software* es muy estimulante a muchos niveles y está teniendo un efecto bastante significativo en mi trabajo."

Cuestiones de diseño

De este modo, el empeño de Lynn por sus herramientas de diseño hechas a medida viene marcado por tres temas clave: la convergencia del *software*, el cambio a un medio basado en el cálculo en lugar de un medio modular de dimensiones quebradas y, finalmente, la historia de la holística. En cualquier caso, para Lynn, tanto la apropiación de un código existente como la escritura de un nuevo código son sólo medios para un fin: el deseo del arquitecto de llevar a cabo una idea de diseño. Aunque pasen desapercibidas, a menudo las estrategias de diseño y producción novedosas se inventan gracias al rigor en el proceso del diseño, que puede o no incluir la escritura y reescritura de los códigos.

Aparte de su fascinación por la apropiación y adaptación personal del *software* existente, para Lynn sigue siendo "menos importante para un arquitecto aprender a desarrollar sus herramientas de *software*; es menos importante aprender a programar que aprender a diseñar".

---

[1] La aparición de Alias y Softimage fue particularmente destacable. La compañía Alias, fundada en Toronto en 1983, creó un programa sencillo para producir animación tridimensional en vídeo para la industria de la publicidad y las empresas de posproducción. Universal Studios fue uno de sus primeros clientes, seguido por General Motors en 1985, donde Alias incorporó la tecnología de NURBS (Non-Uniform Rational Basis Spline) en los sistemas CAD basados en *splines* existentes en la compañía. Basándose en *splines* cardinales más que en líneas poligonales, el Alias/1 producía líneas y superficies suaves e inéditas. Hacia 1989, muchos automóviles, como los BMW, Honda y Volvo, se diseñaron con *software* 3D creado por Alias. En 1996 Alias y Wavefront se unieron para formar AliasWavefront.

Softimage fue fundada en 1986 por el cineasta canadiense Daniel Langlois con el fin de producir películas de animación. Su idea era la creación de un *software* de animación 3D no sólo de artistas sino también para ellos. Softimage se desarrolló con rapidez. La mayor parte de sus clientes eran estudios de producción, como Industrial Light and Magic, Digital Domain, Sega, Nintendo y Sony, que han usado el *software* sobre todo para crear animación en películas con personajes reales, como *Parque jurásico*, *Titanic*, *Matrix* y *La guerra de las galaxias*, o para videojuegos como *Super Mario 64*, *Tekken*, *Virtua fighter*, *Waver race* y *NBA Live*.

[2] Por ejemplo, la iglesia presbiteriana coreana (Nueva York, 1999), el concurso para el Eyebeam Museum of Art and Technology (Nueva York, 2001), la Casa embriológica (1999), la cafetera y la tetera para Alessi (2003), la reforma del bloque de viviendas Kleiburg (Bijlmermeer, Holanda, 2006) y la casa Slavin (Venice, California, 2005).

[3] Lynn, Gerg, *AD. Folding in architecture*, Wiley-Academy, Nueva York, 1993 (edición revisada en 2004); *Folds, bodies & blobs: Collected essays*, Princeton Architectural Press, Nueva York, 1998; *Animate form*, Princeton Architectural Press, Nueva York, 1999; *Architecture for an embryologic housing*, Birkhäuser Verlag, Basilea/Cambridge, 2003; *Intricacy*, Institute of Contemporary Art/University of Pennsylvania, Filadelfia, 2003.

[4] En origen Microstation fue desarrollado por Bentley Systems en la década de 1980 para los campos de la ingeniería y la arquitectura. En un principio se utilizó para dibujos de construcción, pero enseguida se desarrolló añadiéndosele modelado avanzado e instrumentos de representación fotorrealista, que incluían sólidos booleanos, sombras y animación por fotogramas. Además Microstation proporciona, entre otros, entornos especializados para la arquitectura, la ingeniería civil, el trazado cartográfico o el diseño industrial.

⁵ El filósofo francés Henri Bergson (1859-1941) sostenía que la intuición es más profunda que el intelecto. Sus textos *La evolución creadora* (1907) y *Materia y memoria* (1896) intentaban integrar los hallazgos de las ciencias biológicas con la teoría de la conciencia, retando a la visión mecanicista de la naturaleza.

⁶ Gehry Technologies, fundada en 2002 por el departamento de I+D del estudio Frank Gehry and Associates, programa y reprograma su propio *software* basado en Catia, un programa originalmente desarrollado para la industria aeroespacial por Dassault Systemes (Francia), con el objetivo de facilitar el diseño y la producción de arquitecturas. Hace varios años, James Glymph, uno de los socios de mayor antigüedad en la compañía de Gehry, empezó a desarrollar herramientas de *software* especializadas para facilitar la construcción de los cada vez más complicados proyectos de Gehry. Los contratistas utilizaban el *software* para producir mediciones exactas del acero, madera y otros materiales del proyecto. Gehry Technologies también asiste a otros despachos de arquitectura, ofreciendo consultorías, investigación y desarrollo, así como productos tecnológicos que incluyen Digital Project, un conjunto de aplicaciones de *software* basadas en el motor de modelado Catia V5.

De lo virtual

Alejandro Zaera-Polo/Foreign Office Architects

2000

Lo virtual es la posibilidad de mirar la realidad y ver cosas que no existen pero que, en cierto modo, están presentes, latentes, contenidas dentro de esa realidad, aunque aún no hayan sido actualizadas. Dentro de la tradición idealista occidental, la práctica de la arquitectura se ha venido desarrollando en la esfera utópica o la conservadora. Lo virtual abre un interesante abanico de posibilidades para esa práctica, en la que los productos no son ni reales ni ideales. Las consideraciones pragmáticas no se oponen a lo virtual. De hecho, pueden resultar críticas para su elaboración. Pero tenemos que aplicar un tipo particular de pragmatismo, no en el sentido de que el ejercicio profesional consiste simplemente en reproducir los modelos de ese ejercicio que ya han sido verificados. Al mismo tiempo, uno no se opone a la realidad haciendo declaraciones visionarias, sino tratando de encontrar posibilidades dentro de ella.

No nos interesa la arquitectura virtual, sino lo virtual en la arquitectura. La materialidad es finalmente la condición necesaria de la arquitectura; y el diagrama, el instrumento que nos permite construir nuevos compuestos materiales. No trabajamos con materiales literales, pero tampoco con materiales virtuales. No trabajamos con discursos, sino con materialidad, porque la arquitectura no se genera a través de un discurso teórico que después se materializa. La especificidad de esta disciplina es que trabajamos con materiales que tienen geometrías, organizaciones, propiedades, etc. Lo interesante de operar con diagramas y abstracciones es que nos permiten sintetizar nuevos materiales y desarrollar el proyecto como un proceso de transformación material, más que intentar traducir un discurso teórico en arquitectura. El potencial de los diagramas y de los medios informáticos no es la capacidad de

Zaera-Polo, Alejandro/Foreign Office Architects, "FOA Code Remix 2000" (fragmento), en *2G*, 16 (*Foreign Office Architects*), Barcelona, 2000, pág. 131. Traducción de Jorge Sainz.

producir mundos virtuales, inmateriales, sino la posibilidad de sintetizar nuevos materiales y trabajar con ellos con un rigor que no era posible antes de la aparición de estas herramientas. Lo que tratamos de explotar con estos medios no es la posibilidad de generar un mundo paralelo inmaterial, sino la posibilidad de poner en un mismo plano materiales distintos de manera que puedan producir un ensamblaje híbrido entre ellos. Se trata de poder trabajar con una nueva materia que ya no está únicamente formada de madera, cerámica o acero, sino que, por ejemplo, podría componerse de hormigón, vidrio, usos y cantidades de flujo.

Arquitectura, ciencia, tecnología y el reino de lo virtual

Antoine Picon

2003

En años recientes se ha ampliado el número de imágenes y metáforas procedentes de las matemáticas, la física y la biología molecular entre los arquitectos. Muchas de esas imágenes y metáforas están vinculadas al desarrollo de la arquitectura digital y a la creciente importancia que se otorga a la dimensión virtual de la disciplina arquitectónica. Todo parece indicar su posible trascendencia a nivel mundial. ¿Es el abundante uso de referencias como la topología, los fractales, la teoría del caos o la secuencia del ADN un mero hábito retórico o viene motivado por razones más profundas? En otras palabras, ¿a qué nivel funcionan las referencias científicas en la arquitectura contemporánea? La cuestión se ha hecho inabarcable debido a la multiplicación de dichas referencias.

El uso de imágenes y metáforas científicas en la disciplina arquitectónica no es, por descontado, un fenómeno reciente. A lo largo del siglo XIX, los arquitectos hacían constantes referencias a las ciencias de la biología, que avanzaban con rapidez. De un modo similar, los principales protagonistas del movimiento moderno invocaban nociones científicas como la teoría de la relatividad de Albert Einstein. Sin embargo, estos episodios no son iguales en trascendencia a los actuales.

El mayor o menor grado de importancia de las referencias científicas aportadas por los arquitectos puede evaluarse en función de su contribución a la cultura arquitectónica. En el campo de la arquitectura, los préstamos de la ciencia en ocasiones han llevado a la producción de nociones y conceptos nuevos que se han revelado fundamentales. ¿Qué habría sido de la arquitectura decimonónica sin la noción de es-

Picon, Antoine, "Architecture, science, technology, and the virtual realm", en Picon, Antoine y Ponte, Alessandra (eds.), *Architecture and the sciences: Exchanging metaphors*, Princeton Architectural Press, Nueva York, 2003, págs. 293-313.

tructura? Esa idea fue resultado de una serie de intercambios entre la arquitectura y el estudio de los organismos vivos. En realidad, al principio la palabra francesa *structure* se utilizó para designar la organización interna del cuerpo y de sus diversos órganos antes de aplicarse a los edificios.[1]

Algunas referencias científicas han demostrado ser más superficiales que otras, como es el caso de la relatividad y el movimiento moderno. Para un arquitecto como Le Corbusier, la relatividad era una teoría de prestigio, pero a veces era remota y algo críptica. ¿Cuáles son las condiciones que, en un momento dado, hacen que las relaciones entre ciencia y arquitectura sean verdaderamente productivas? Una vez más, esta cuestión resulta difícil de eludir, visto el estado contemporáneo de los asuntos del campo de la arquitectura.

Llegados a este punto, podríamos aventurar una respuesta: el carácter productivo de ciertos episodios de la historia de las relaciones entre ciencia y arquitectura tal vez se deba a la existencia de similitudes entre las operaciones en que se basan la ciencia y la arquitectura. Sabemos que, de hecho, los conceptos y las ideas no se desarrollan en una esfera intelectual etérea, sino que son indisociables de la práctica, de instrumentos y operaciones concretos. Las construcciones geométricas y las técnicas de medición eran, por ejemplo, las mismas en el ejercicio de la arquitectura y de la ciencia de los siglos XV, XVI y XVII. Las ciencias de la biología y la arquitectura del siglo XIX compartían la práctica de la disección. Como explica Martin Bressani en su tesis sobre Viollet-le-Duc, la disección era tan fundamental para el arqueólogo y el arquitecto del siglo XIX como para el científico que estudiaba a los seres vivos.[2]

Estas similitudes no tendrían significado alguno si no estuvieran imbuidas por una dimensión sensorial. En otras palabras, la ciencia y la arquitectura se encuentran cuando ambas contribuyen a la construcción cultural de la percepción. Como plantea Michael Baxandall en *Modelos de intención*,[3] vivir en una cultura es sinónimo de vivir con una educación específica de los sentidos. La visión es especialmente importante cuando se trata de arquitectura. Con frecuencia la ciencia y la arquitectura se dan cita en su intento compartido de dar forma o reformalizar las categorías de la percepción visual.

A su vez, esas categorías son inseparables de la construcción del sujeto que observa el mundo. Desde el renacimiento, los mayores cambios en la visión del mundo han sido también cambios en la definición del sujeto humano. Lo que ciencia y arquitectura comparten no es sólo la ambición por interpretar y transformar el mundo, sino, sobre todo, la de poblarlo con sujetos diferentes de una época a la otra.

La arquitectura y la dimensión virtual

Permítanme tratar ahora la cuestión de lo virtual. ¿Cómo se define la "realidad virtual"? Etimológicamente, 'virtual' significa lleno de virtud, entendiendo aquí virtud como una capacidad de acción. Según la vieja distinción filosófica entre capacidad y acción, la realidad virtual no es más que un potencial que espera su plena realización. La realidad virtual no es de ninguna manera irreal, pero todavía no se ha manifestado su efecto completo. La realidad no es el problema; lo que le falta en parte es su pleno desarrollo o presencia. La realidad virtual puede interpretarse como un germen, como el punto de partida de una evolución dinámica.

La distinción entre lo meramente potencial y lo completamente real jugaba un papel importante en la teología y en la filosofía medievales. En el siglo XVII seguía siendo fundamental para filósofos como Leibniz, de ahí el repetido interés de Gilles Deleuze por su filosofía. Entre los filósofos contemporáneos, Deleuze es quien más exhaustivamente ha tratado el tema de lo virtual.

Recordemos ese rasgo fundamental de la realidad virtual desde sus orígenes filosóficos: es una realidad, pero una realidad potencial. La realidad virtual bien podría representar la potencia, la tensión, el pliegue o una serie indefinida de pliegues, por utilizar el vocabulario del propio Deleuze,[4] que hacen que la realidad corriente sea posible.

Desde esa perspectiva, la arquitectura presenta un fuerte contenido virtual, ya que no puede reducirse ni a una colección de edificios notables ni a las normas estéticas, utilitarias y constructivas que hacen a esos edificios notables. La arquitectura no es ni una colección de cosas ni un conjunto de normas. Tiene más que ver con el principio creativo que permite un intercambio constante entre la realidad construida y el ámbito del conocimiento, los preceptos y las normas. La arquitectura podría perfectamente estar fundada en la realidad virtual.

Ese carácter virtual puede observarse desde varios ángulos. Las nociones de proyecto y diseño corresponden claramente a uno de los puntos de vista fundamentales. La distinción entre lo construido y la intención que lo origina es esencial para una definición moderna de la disciplina arquitectónica. Esa definición empezó a aparecer en el renacimiento con la aparición de la idea italiana de *disegno*, que servía para referirse tanto a la intención como a su expresión espacial. La palabra francesa *dessein* y la inglesa *design* tenían entonces sentidos comparables.

Desde el principio, el diseño fue un compendio de varias cosas. Además de cubrir tanto la intención general como su traducción espacial, el diseño también abarcaba una dimensión tecnológica. La famosa cúpula de Filippo Brunelleschi para la catedral de Florencia se encuentra entre los primeros ejemplos de esa dimensión tecnológica. Es bien conocido que Brunelleschi no sólo diseñó una estructura, sino también las máquinas y el proceso que permitieron su construcción.[5] Sus herederos no siempre siguieron su camino, pero esa concepción integral del diseño ha quedado como un ideal desde entonces. En muchos aspectos, la *idée constructive* de Jean Prouvé es una nueva formulación de ese viejo ideal.[6]

¿Cuál es la realidad del diseño arquitectónico? Precisamente la realidad virtual. A través del laberinto de sus indeterminaciones, el diseño hace posible la realización de una intención. El diseño se encuentra entre las dimensiones virtuales de la arquitectura.

La importancia de esta dimensión virtual ha crecido casi de una manera continua desde el renacimiento hasta la fecha. Tras el episodio fundacional de la cúpula de Brunelleschi, Leon Battista Alberti hizo hincapié en la naturaleza intelectual del diseño arquitectónico en su *De re aedificatoria*. Sin embargo, hasta finales del siglo XVIII esta concepción humanista se vio constantemente amenazada por una visión más prosaica que daba prioridad a las reglas prácticas basadas en la observación de modelos existentes, así como a las cuestiones técnicas. Esa actitud fue especialmente pronunciada en Francia, donde las figuras profesionales del arquitecto y el maestro de obra permanecieron unidas durante mucho tiempo. No obstante, a finales del siglo xviii se produjo un giro radical hacia una definición más liberal del arquitecto, un giro que vino acompañado por un nuevo énfasis en el contenido intelectual de la arquitectura. "¿Qué es la arquitectura?" preguntaba Étienne-Louis Boullée en su *Ensayo sobre el arte*, un texto escrito alrededor de 1780:

> "¿Debería acaso definirla, con Vitruvio, como el arte de construir? No. Esa definición conlleva un error terrible. Vitruvio confunde el efecto con la causa. Hay que concebir para poder obrar. Nuestros primeros padres no construyeron sus cabañas sino después de haber concebido su imagen. Esa creación que constituye la arquitectura es una producción del espíritu."[7]

A finales del siglo xviii, Boullée no era el único arquitecto que consideraba que el diseño consistía en la producción de una imagen mental. En un momento en que la arquitectura intentaba distinguirse de la ingeniería, se daba prioridad a la imaginación sobre otras cualidades intelectuales como la razón pura. La importancia que se daba a la imaginación, interpretada como la máxima facultad creativa del hombre, enfatizaba la dimensión virtual del diseño arquitectónico. Simultáneamente, los arquitectos empezaron a preocuparse por su papel social en un mundo en transformación. Como afirmó en numerosas ocasiones Manfredo Tafuri en sus libros, esta preocupación dio lugar a una nueva relación entre el proyecto arquitectónico y la utopía social,[8] una relación que llegaría a su clímax con el movimiento moderno. Para los modernos, la arquitectura y el urbanismo estaban llenos de un potencial que no sólo reformaría la industria de la construcción, sino que iba a transformar el mundo entero; nada escaparía al poder ejecutivo de la arquitectura y el urbanismo modernos.

Permítanme dejar de lado la cuestión del diseño y volver al orden y la proporción. Durante siglos, estas nociones fueron sinónimos de otra dimensión virtual que operaba en la arquitectura. En el marco de pensamiento que proporcionaba la tradición vitruviana, el orden y la proporción no eran algo estático, como si de un conjunto de normas cosidas al edificio se tratara. Extendiéndose más allá de los dominios de la arquitectura, el orden y la proporción se encontraban en el núcleo del universo. El filósofo y teólogo francés del siglo XVII Jacques Bénigne Bossuet fue muy explícito acerca de esa importancia cuando afirmaba que Dios había creado el mundo dotándole de orden y proporción.[9] A una escala más modesta, el arquitecto reproducía de algún modo las acciones divinas, al utilizar el orden y la proporción arquitectónicos.

Aunque tratados como el de François Blondel o Charles d'Aviler daban indicaciones sobre las que debían ser las proporciones correctas de la arquitectura, el orden y la proporción no podían encapsularse en un único juego de fórmulas: eran variables y oscilatorios, de ahí la importancia que se otorgaba a problemas como la corrección óptica. El orden y la proporción se hallaban entre las virtudes de la arquitectura. Mediante su uso, la arquitectura expresaba su dinamismo, su esencia vital.

Como ocurre con el orden y la proporción, el estatus tradicional del ornamento también empezó a verse amenazado hacia el final del siglo XVIII. Hasta entonces, el ornamento había sido una expresión más de la potencia que opera en la arquitectura. Contrariamente a nuestra visión contemporánea, el ornamento no tenía ninguna connotación de gratuidad; era algo que sumaba a la construcción, que surgía de la necesidad, tal como afirmaban Vitruvio o Alberti. Igual que el orden y la proporción, el ornamento expresaba la regularidad fundamental del universo y, sobre todo, su fecundidad. En general, el ornamento daba fe de la creatividad y de la belleza del orden cósmico, del mismo modo que las frutas y las flores que a menudo imitaba daban fe de la elegancia de la naturaleza. Su reducción a una parte agradable pero prescindible del proyecto era sinónimo de un empobrecimiento de la realidad virtual inherente a la arquitectura.

En el proceso que lleva a esa reducción y empobrecimiento, Piranesi ocupa una posición clave. En su obra, el ornamento ya es gratuito en parte, pero su proliferación le permite recobrar también parte de su antigua importancia. Como motivo aislado, el ornamento de Piranesi sería algo arbitrario, pero en conjunto sigue resultando esencial como indicador de un proceso indefinido de decoración.[10] Casi un siglo después de Piranesi, Gottfried Semper explora también esta vía en su obra teórica, donde el impulso ornamental juega un papel fundamental. Desde el tejido elemental hasta el más rico bordado, Semper observó ese impulso de forma activa en el arte de la producción textil, que asociaba al origen de la arquitectura.[11]

Orden, proporción, ornamento; estas virtudes tradicionales de la arquitectura se han vuelto mucho menos poderosas desde el declive de la tradición vitruviana que arranca a finales del siglo XVII. En los dos últimos siglos han aparecido otras tradiciones que han adquirido mayor fuerza aún.

La estructura se encuentra entre esas tradiciones. Se malinterpreta la estructura cuando se la considera como una organización puramente estática. Los escritos de Viollet-le-Duc o Auguste Choisy pueden ayudarnos a corregir esa interpretación. Para estos defensores del racionalismo estructural decimonónico, la estructura era la consecuencia de un principio fundamental, un "medio de producción más que un producto".[12] En sus *Conversaciones sobre la arquitectura*,[13] Viollet-le-Duc explicaba, por ejemplo, que la estructura era, a sus ojos, el resultado de una tensión generatriz entre las necesidades sociales y la cultura tecnológica de una era. Según él, la estructura resultante siempre llevaba la señal de esa tensión fundamental.

Otra forma de entender la naturaleza dinámica de la estructura es prestar atención al hecho de que nunca "vemos" realmente una estructura, en un sentido corriente. Sólo percibimos sus resultados, un ensamblaje de partes y materiales. La estructura es lo que hace posible ese ensamblaje. La estructura es un potencial.

A principios del siglo XX, el carácter dinámico de la estructura se vio realzado por la aparición de *Sobre el crecimiento y la forma* de D'Arcy W. Thompson,[14] un importante libro que ejerció su influencia sobre generaciones de arquitectos e ingenieros; en él, la estructura se vinculaba al proceso de crecimiento y desarrollo, de modo que su carácter virtual se vio reforzado. Con Thompson no nos encontramos tan lejos de nuestra idea contemporánea de programa; la estructura pasa a convertirse en sinónimo de programa.

Este breve repaso a las dimensiones virtuales que funcionan en la arquitectura estaría incompleto sin una mención al espacio, al espacio arquitectónico tal como fue definido por los modernos. El espacio arquitectónico no era ni el espacio geométrico cartesiano ni el de la percepción sensorial: el primero era demasiado abstracto y el segundo demasiado concreto. El espacio geométrico no tenía en cuenta fenómenos como la escala humana o la percepción de la luz y la textura. El espacio como percepción sensorial era demasiado rico y complejo como para permitir ningún tipo de diseño. La máxima ambición de la arquitectura moderna era encontrar un equilibrio entre esas dos concepciones extremas de espacio para estimular tanto el pensamiento como la sensación.

La importancia que los modernos otorgaban a la movilidad y a sus iconos, como el automóvil, formaba parte de esa ambición general. A sus ojos, la movilidad aparecía precisamente en la intersección entre lo abstracto y lo concreto, entre la medida geométrica y la experiencia sensorial. La famosa definición de Le Corbusier de la arquitectura como máquina para producir sensaciones era tal vez la mejor expresión de la tensión generatriz entre rigor y emoción que dio lugar al nacimiento del espacio arquitectónico.[15]

Al igual que otras dimensiones claves de la arquitectura, el espacio no era una cosa, sino un operador que permitía una oscilación constante entre lo abstracto y lo tangible, entre lo móvil y lo inmóvil. Tal oscilación permitía al arquitecto diseñar ambientes que resultaban a la vez específicos e imbuidos de significado universal; en otras palabras, permitía a los arquitectos reconciliar lugar y espacio.

El diseño, el orden, la proporción, el ornamento, la estructura y el espacio —los potenciales de la arquitectura que hemos repasado— pueden ayudarnos a entender el fuerte contenido virtual del medio. La arquitectura no es algo estable. Aparece a través de una serie de potenciales o tensiones productivas. El diseño, el orden y la proporción, el ornamento, la estructura y el espacio se encuentran entre esas tensiones o potenciales que han hecho y continúan haciendo posible la obra de arquitectura y, sobre todo, la expresión arquitectónica.

Lo virtual como una matriz de intercambio

Llegados a este punto, permítanme volver al problema general de las relaciones entre arquitectura y ciencia. Como la arquitectura, la ciencia se encuentra impregnada de lo virtual. De hecho, la ciencia no puede reducirse ni a un conjunto de resultados teóricos ni a una colección de datos experimentales. En su desarrollo, la ciencia aparece como la tensión productiva entre teoría y experimento o, por decirlo con otras palabras, entre el conocimiento abstracto y la práctica. Los estudios científicos han mostrado de una manera convincente que la ciencia no puede asimilarse al conocimiento puro,[16] ni tampoco es adecuado considerar sólo su lado práctico. Entendida como una dinámica, la ciencia aparece como el potencial, la tensión o el pliegue que relaciona ambos términos.

La dimensión virtual que funciona tanto en la arquitectura como en la ciencia puede muy bien explicar la constante circulación de imágenes y metáforas entre ambos campos. Debería señalarse, de paso, que esa circulación no es en modo alguno unidireccional. A lo largo de su historia, la ciencia ha hecho un uso repetido de nociones arquitectónicas. Por ejemplo, en su búsqueda de las regularidades del universo, los científicos de los siglos XVI y XVII se refieren con frecuencia a los principios arquitectónicos de orden y proporción. Peter Galison ha mostrado cómo la ciencia alemana de principios del siglo XX estaba obsesionada con la noción de *Aufbau*, una noción claramente imbuida de significado arquitectónico.[17]

Desde el orden y la proporción hasta el espacio, las diversas expresiones de la dimensión virtual que opera en la arquitectura parecen haber jugado un papel principal en ese recurso a las imágenes y metáforas científicas. Se demostró que estas expresiones tenían mucha más influencia al estar vinculadas a instrumentos y operaciones compartidas por arquitectos y científicos. Como se ha señalado antes, desde el renacimiento y hasta finales del siglo XVII, la referencia de los arquitectos al orden y la proporción estaba unida al uso de construcciones geométricas y técnicas de control que también utilizaban los científicos, de ahí la capacidad del orden y la proporción de proporcionar una base para intercambios convincentes entre ambos ámbitos.

Además, estas expresiones eran inseparables de una formalización cultural de los sentidos, en especial de la visión. Tal relación es evidente en el caso del orden y de la proporción, que presuponían una educación específica del ojo. Pero también es cierta en el caso de la estructura y el espacio. Aunque no "veamos" realmente la estructura, la percibimos gracias a la combinación de intuición visual y muscular. El ingeniero español Eduardo Torroja tenía esa combinación en mente cuando afirmaba que el diseño estructural necesitaba una comprensión "vertebral" de los principios mecánicos del equilibrio interno.[18] Este tipo de comprensión —combinar el poder de apreciación del ojo con las sensaciones físicas de equilibrio— es una construcción cultural.

A través de este tipo de construcción sensorial, la arquitectura, como la ciencia y la tecnología, contribuye a las definiciones respectivas del hombre y su entorno no humano, a estructurar su interfaz. Como producción cultural, la arquitectura es más que una simple combinación de solidez, comodidad y belleza; trata tanto de lo que el hombre es como de lo que no es, de las relaciones entre el sujeto y su entorno. Como ha señalado Nelson Goodman, la arquitectura, como la ciencia, trata de la manera en que "construimos" palabras, palabras pobladas de objetos y sujetos, cuya definición viene siempre determinada históricamente.[19]

En la actualidad los ordenadores son sintomáticos de un profundo cambio en cómo creamos mundos. La generalización de ideas como información, código y programa afecta tanto a cómo construimos el sujeto como a la interpretación que damos a su entorno. Entre ambos extremos la sociedad también está cambiando. Vivimos en un nuevo tipo de sociedad, una sociedad basada en la información, la base del proceso de globalización que experimentamos. Muchos de los sociólogos e historiadores actuales se inclinan a pensar que esta sociedad precedió a la invención del ordenador. Sea o no sea verdad, una cosa es segura: la posesión de información, como la de una cartera de posibles clientes, se ha hecho más vital que la posesión de bienes físicos.

¿Cómo puede la arquitectura salir ilesa de un contexto así? Para los numerosos críticos que pretenden despreciar el impacto del ordenador en la arquitectura, cabe esta respuesta: el ordenador es sólo la punta del iceberg. No es que el ordenador en sí haya cambiado a la arquitectura, sino que, debido a la transformación de la naturaleza y la sociedad, la arquitectura se enfrenta a nuevos retos. Su uso intensivo de metáforas científicas aparece como consecuencia de tal situación.

Una nueva realidad virtual

Para la arquitectura, la realidad virtual tan a menudo invocada hoy en día corresponde a la aparición de una nueva dimensión virtual. Para entender sus rasgos más destacados, aquellos que explican ampliamente las conexiones con la ciencia y que reivindican los arquitectos contemporáneos, debe prestarse atención a sus orígenes históricos.

Los orígenes de la realidad basada en el ordenador pueden situarse en el final de la II Guerra Mundial y en el desarrollo de la guerra fría. Por entonces apareció un espacio nuevo, un espacio de fenómenos que sólo podían visualizarse a través del uso de pantallas, mapas y diagramas. Estos fenómenos podían ser casi cualquier cosa: ataques de bombarderos o ejércitos, el estado de los suministros militares o las tendencias económicas. A veces eran "reales" y a veces meras hipótesis. Se estudiaban utilizando radares, mapas estratégicos y cartas de navegación en lugares como salas de control o del Estado Mayor. Al estratega le importaban los acontecimientos y escenarios, fueran reales o simplemente posibles.

Sin duda había algo de paradójico en la importancia que se daba a los acontecimientos y los escenarios cuya realidad era impredecible; el nuevo espacio estratégico de la guerra fría era, en gran medida, el resultado de un cálculo. Desde en lo relativo a la previsión de mercados financieros hasta en lo tocante a la de intención de voto, nos hemos acostumbrado tanto a esa extraña coexistencia de cálculo e incertidumbre que ya no le prestamos atención. Eso no implica, no obstante, que la paradoja haya desaparecido.

Historiadores como Paul N. Edwards han mostrado cómo dicho contexto dio forma al posterior desarrollo del ordenador y a la aparición del ciberespacio.[20] Desde su inicio, arquitectos y diseñadores se sintieron intrigados por la realidad virtual y, a la vez, eran conscientes de sus connotaciones militares. En un artículo esclarecedor, Mark Wigley ha mostrado la influencia de la realidad virtual en Richard Buckminster Fuller y su propuesta World Game para una simulación global inspirada claramente en los principios clave del Estado Mayor, así como en las nuevas perspectivas abiertas por las calculadoras electrónicas.[21] Adoptados por la Nasa, esos principios se hallan también presentes en los proyectos teóricos de Archigram.[22]

Aunque las connotaciones militares se hayan hecho menos evidentes hoy en día, la dimensión virtual que el ordenador contribuye a producir contiene algo de sus rasgos originales, como la preeminencia de acontecimientos y escenarios sobre las entidades estáticas. Desde un punto de vista arquitectónico, la principal consecuencia de esta preeminencia es la desestabilización de la forma, una desestabilización tanto más paradójica pues son las operaciones del diseñador y los cálculos del ordenador lo que, de manera simultánea y rigurosa, definen la forma.

La forma arquitectónica solía aparecer como el resultado final de un proceso de investigación. Su belleza era la belleza del final, del punto de equilibrio. A menudo el equilibro era dinámico, pero se esperaba que la forma dominara al movimiento, no que lo encapsulase. La belleza de la arquitectura podría ser de algún modo análoga al placer derivado del espectáculo de una danza o de un fluido. Sin embargo, lo que se hacía visible a través del medio arquitectónico era la estructura subyacente a la danza o al fluido, la coreografía o la mecánica.

Una forma arquitectónica generada por ordenador ya no puede pretender lograr este estatus. Aunque al autor le parezca la configuración más satisfactoria, sigue siendo el resultado de un parón arbitrario en el infinito proceso de transformación geométrica, el tipo de proceso que Greg Lynn denomina "animación".[23] La forma arquitectónica se convierte en algo parecido a una sección transversal de un flujo geométrico continuo. Mientras que la condición tradicional de la forma arquitectónica sugería una comparación con el cuerpo humano, su nueva condición la remite a algo más cercano a la instantánea o al videograma.

A partir de esta situación surgen nuevos problemas; por descontado, aparece un problema de estética. ¿Cómo vamos a juzgar la belleza de los *blobs* y demás criaturas que aparecen en nuestras pantallas de ordenador? Incluso en el caso de que los proyectos vayan a realizarse en el mundo físico, incluso si se construyen realmente, el problema sigue ahí.

Parte del problema está ligado a una sensación de arbitrariedad. ¿Por qué ha detenido el diseñador el proceso de transformación geométrica en un momento y no en otro? Las justificaciones no son siempre manifiestas desde el punto de vista visual.

Cuando se detiene el proceso, la forma arquitectónica se convierte en algo parecido a un acontecimiento, aunque el diseño es cada vez más comparable a la creación de un escenario. La forma arquitectónica aparece literalmente en la pantalla, mientras que su producción de parámetros cuidadosamente seleccionados se parece más a la disposición de un solar. La similitud entre forma y acontecimiento es probablemente uno de los efectos más importantes que los ordenadores han tenido en la arquitectura. Desde el bit elemental hasta la transformación geométrica que se hace visible en pantalla, los ordenadores son máquinas que producen secuencias de acontecimientos. Pero esa relación entre la arquitectura y el ordenador tiene sus raíces en algo más profundo, en concreto en el hecho de que la información no es más que una producción de acontecimientos. Este hecho se aclaró ya en 1949, en la teoría matemática de la comunicación de Claude Shannon, teoría que jugó un papel fundamental en la construcción de la idea moderna de información. De hecho, para Shannon la información estaba vinculada al problema de la selección de un mensaje dado entre una serie de mensajes posibles. Selección, elección: la idea de información tiene definitivamente algo que ver con la producción de acontecimientos.[24] Desde el bit elemental hasta la definición de la forma final del proyecto, selección y elección siguen siendo los temas fundamentales de nuestro mundo arquitectónico informatizado.

La fascinación que ejercen las metáforas científicas en tantos arquitectos contemporáneos es probablemente una consecuencia de esa nueva condición de la forma arquitectónica. Explica, en particular, el interés que suscitan los sistemas dinámicos no lineales que han invadido campos enteros de la investigación científica. Los últimos sistemas se describen con frecuencia como caóticos. La atmósfera y el clima son paradigmáticos de esa naturaleza caótica.[25] No puede predecirse lo que ocurre en esos sistemas, dada su gran sensibilidad a las condiciones iniciales. ¿Quiere eso decir que la justificación final de la forma arquitectónica es que simplemente ocurre, como la lluvia?

Hasta ahora, una de las funciones de la realidad virtual era anclar la producción arquitectónica a algún tipo de necesidad. El diseño era sinónimo de la búsqueda de la forma necesaria. El orden y la proporción, la estructura y, sobre todo, el espacio, se suponía que eran esenciales y, por tanto, venían determinados por una necesidad interna. Uno de los rasgos más desconcertantes de la realidad virtual es que parece ir acompañada de un mayor grado de incertidumbre; en otras palabras, nada puede garantizar al diseñador que su proyecto sea el resultado de la mejor elección posible.

La fascinación reciente por los diagramas —una fascinación enraizada también en la observación de prácticas científicas y en un intento de imitar algunos rasgos de la ciencia— podría muy bien provenir de esa situación de incertidumbre y duda en la que el diagrama actuaría como posible antídoto.[26]

Aparte de sus posibles justificaciones filosóficas, tomadas prestadas de pensadores como Michel Foucault y Gilles Deleuze, uno de los mayores intereses de la aproximación diagramática es recrear la necesidad interna en el proceso de diseño. Según sus defensores, los diagramas aparecen como una máquina abstracta o un programa cuyo despliegue es sinónimo de un nuevo rigor.

Por ejemplo, los dos miembros de UN Studio, Ben van Berkel y Caroline Bos, relacionan el uso de diagramas con lo que ellos llaman el "proyecto profundo".[27] En algunos de sus proyectos, como en la estación de Arhem, apuntan a esa profundidad integrando el mayor número de datos posibles. Por supuesto, los datos técnicos y funcionales deben tenerse en cuenta, pero lo que se persigue es controlar también otros factores de orden económico e incluso político. Desde esta perspectiva, con el uso de diagramas se pretende evitar cualquier idea preconcebida de lo que deben ser la arquitectura y el urbanismo, así como descartar cualquier recurso prematuro a la forma. Se supone que el diseño urbano y arquitectónico debe ser generado a través del análisis que facilitan los diagramas. Sin embargo, el análisis riguroso no es la única dimensión que se moviliza, pues también se supone que los diagramas tienen la capacidad de encapsular un dinamismo específico en la intersección de ritmos sociales y su traducción programática. Para Van Berkel y Bos, entender y orientar este dinamismo hacia la finalización del proyecto es mucho más importante que ninguna receta formal. El estudio MVRDV persigue un objetivo similar con sus denominados *datascapes* (paisajes de datos). Se supone que las mediciones y las estadísticas dan pie a la aparición de una forma limpia de prejuicios, del mismo modo que las leyes científicas surgen de una acumulación de datos experimentales.[28]

Hay una cierta ingenuidad implícita en esta búsqueda de objetividad. Los estudios científicos muestran que en la propia ciencia los resultados siempre son más "construidos" que la mera consecuencia lógica de hechos observados. Pero la ingenuidad es sólo parcial, pues en el uso de diagramas hay algo más en juego que el simple deseo de imitar procesos científicos.

Además de esos procesos, las técnicas de marketing son también una referencia. El objetivo es dar forma al proyecto tal y como se definen, producen y comercializan productos y servicios. Una planificación profunda con *datascapes* reivindica un profundo acuerdo con las fuerzas del mercado, una reivindicación que se ha generalizado bastante entre los jóvenes diseñadores. Lo que parece estar en juego es una tendencia hacia un nuevo realismo. El objetivo del arquitecto ya no es proponer un mundo alternativo y supuestamente mejor, sino tomar el mundo tal como es y contribuir a una mayor realización de su potencial más que ayudar al advenimiento de una utopía remota. Otra manera de decirlo es pedir, como ha hecho Sanford Kwinter, que la disciplina arquitectónica tome "el flujo de las condiciones históricas y su privilegiada materialidad".[29] Rem Koolhaas y OMA han sido pioneros de esa nueva actitud.

Entre las críticas suscitadas por la aceptación de las fuerzas del mercado se encuentra la acusación de una falta de auténtica generosidad; una arquitectura realista corre el riesgo de resultar cínica. Massimiliano Fuksas tal vez deseaba exorcizar ese riesgo al escoger el título "Menos estética, más ética" para la Bienal de Arquitectura de Venecia del 2000.[30] Jesse Reiser también se enfrentaba a ese tema en su libro *Solid-state architecture*,[31] donde, siguiendo a Deleuze, contrastaba poder y potencial. Según esa distinción, el objetivo del arquitecto no es ejercer un poder, sino expresar el potencial creativo del mundo existente, un potencial que en último término podría mostrarse emancipador.

La fe en el poder emancipador del presente se halla a menudo enraizada en una concepción extraña y vitalista del mundo, una noción que roza el panteísmo al confiar en el poder auto-organizador del universo, que el hombre debe reconducir y controlar para sus propios objetivos. Aquí, una vez más, encontramos todas las figuras retóricas obtenidas de los sistemas dinámicos y su capacidad de autoorganización. El uso de ese tipo de metáforas por parte de los arquitectos a menudo se aproxima a la ideología inherente a la creación y el desarrollo de Internet. Como Internet, la arquitectura realista de nuestro tiempo reivindica la compatibilidad de una mano invisible del mercado, por un lado, y un potencial para la generosidad y el altruismo, por el otro.

Todos estos supuestos son cuestionables, pero incluso si los damos por buenos, quedarán por resolver otros problemas relacionados con la realidad virtual contemporánea. El problema de la escala es particularmente asombroso. En muchos proyectos generados por ordenador, la escala no está nada clara y uno puede estar viendo moléculas, naves espaciales, planetas o constelaciones. El hombre era la medida de la arquitectura, pero eso se ha acabado, al menos en las pantallas de ordenador.

Llegados a este punto, es interesante constatar que la cuestión de la escala es un tema general hoy en día. Vivimos en un mundo donde la escala se ha vuelto problemática por la transformación de nuestras categorías visuales y perceptivas. Por un lado, vemos a una escala mucho más amplia que nuestros antecesores inmediatos mediante los satélites y los modelos informáticos globales. Por otro, somos capaces de observar microestructuras como si estuvieran ante nuestros ojos. Tenemos dificultades para tratar con nuestro entorno a una distancia tradicional.

La ciencia y las imágenes generadas por ordenador que a menudo la ilustran desempeñan un importante papel en esta crisis de la escala. Las ideas y representaciones científicas dan forma a nuestra visión del mundo y, entre ellas, la información resulta fundamental. Al revés de la noción tradicional de estructura, la informática ignora la distinción entre lo grande, lo mediano y lo pequeño, entre lo macro y lo micro. De ahí que la geometría fractal resulte tan sugerente para describir un mundo en que la complejidad se halla a todos los niveles.[32]

El desdibujamiento de lo muy grande y de lo muy pequeño y su consecuencia principal, la crisis de la escala, también tienden a reflejar la evolución fundamental de nuestra sociedad. A menudo los especialistas sostienen que la globalización se caracteriza por la supresión de los intermediarios entre lo global y lo local, entre las organizaciones mundiales y los individuos. Es fascinante observar cómo las categorías de la visión evolucionan en una dirección similar.

Las formas de la arquitectura digital pertenecen auténticamente al contexto de la globalización. ¿Cuál es su tamaño real? ¿Son grandes como montañas o pequeñas como guijarros? De hecho, evocan dos términos aparentemente contradictorios: paisaje, por un lado, y textura, por el otro.

Los críticos han comentado extensamente el reciente impacto del paisaje en la teoría y la práctica de la arquitectura. Discutamos la importancia estratégica de la noción de textura. Actualmente, la textura es el lugar donde se encuentran la información abstracta y la sensación tangible. Las imágenes de ordenador se basan en texturas, pero éstas son también un rasgo fundamental de los materiales. La textura parece abolir la distinción entre lo abstracto y lo concreto. En el campo de la arquitectura digital, la importancia otorgada a la textura, al juego entre el grano y la luz, va de la mano con el deseo de reconciliar lo material y lo inmaterial, lo conceptual y lo tangible.

En el credo moderno formulado por arquitectos como Le Corbusier, la reconciliación entre lo conceptual y lo tangible se resolvía en el espacio arquitectónico. El nuevo interés por las texturas forma parte de la crisis de la idea de espacio arquitectónico tal como fue definido por la modernidad. Jean Nouvel dio a esa crisis una expresión rompedora cuando anunció el abandono de la perspectiva albertiana en favor de un mundo bidimensional de texturas y luces en movimiento.[33] El anuncio de la muerte de la perspectiva albertiana resultó tal vez algo prematuro, pero hemos entrado de hecho en un mundo lleno de luces y texturas.

La textura implica una nueva actitud hacia la realidad, como si las cosas se vieran a distancias mucho mayores o, por el contrario, a distancias mucho menores. Su realidad se vuelve problemática —nada es más abstracto que una superficie vista desde muy lejos o desde muy cerca— y más intensa. El hiperrealismo es un terreno apto para esa suspensión de la escala perceptiva tradicional y la intensidad específica que genera. Vivimos en un mundo hiperreal de superficies y texturas, donde podemos ver tanto mundos enteros como pequeñas partículas.

Desde muy lejos o desde muy cerca, el universo parece siempre a punto de resquebrajarse para permitir atisbar otros mundos. El hipertexto es muy similar; permite abrir mundos paralelos o contenidos textuales derivativos mediante un clic. Como sucede en la red, la realidad que nos rodea se encuentra en estado de multiplicación constante, poblada de umbrales que pueden asimilarse a acontecimientos. La más exigua pantalla de ordenador se abre a espacios alternativos. La arquitectura generada por ordenador trata de una realidad inestable de infinitas conexiones.

Como ya se ha mencionado anteriormente, esta nueva versión de los dos infinitos de Blaise Pascal tiene algo que ver con las principales tendencias económicas y sociales de nuestro tiempo. En un contexto de globalización, la aceptación de las fuerzas invisibles del mercado forma parte de la hiperrealidad y la interacción entre estas fuerzas invisibles de la intensificación de nuestra percepción de la realidad del mundo.

En un mundo semejante, la distancia contemplativa del pasado se hace cada vez más difícil de ubicar; o estamos demasiado lejos o demasiado cerca. Esta dificultad podría muy bien constituir el síntoma de una desestabilización radical de la polaridad objeto/sujeto. ¿Quién produce la arquitectura? Y, sobre todo, ¿para quién se produce la arquitectura? El movimiento moderno había postulado un sujeto poshumanista, como muestra K. Michael Hays en uno de sus libros.[34] Tal vez el sujeto poshumanista ya no sea el que la arquitectura informatizada tiene en mente. De hecho, la arquitectura digital es contemporánea de una transformación del individuo anónimo de la primera era tecnológica hacia la personalidad autodesarrollada de la civilización de Internet. En nuestra sociedad competitiva, la autoafirmación y el autodesarrollo se han convertido en una regla de vida.

¿Volveremos al sujeto humanista del renacimiento? Desde luego que no, si prestamos atención a la desconcertante importancia que juega la tecnología en la definición misma del sujeto. El individuo de los albores del tercer milenio se define en gran medida por su capacidad de colgarse de redes gigantes. Un reciente ensayo mío planteaba la hipótesis de que una de las maneras más fáciles de concebir a este nuevo individuo era comparándolo a la figura del ciborg.[35] Ese compendio de carne y tecnología ha estado rondando la literatura y el cine de cienciaficción durante mucho tiempo y más recientemente ha empezado a influenciar a la antropología y a la historia, desde los libros y artículos sobre el feminismo de Donna Haraway al estudio de la guerra fría a cargo de historiadores como Paul N. Edwards.[36] La sombra del ciborg empieza a aparecer en el trasfondo de muchos proyectos arquitectónicos.

Desde este punto de vista cabe destacar especialmente dos características del ciborg. La primera es su completa aceptación del mundo tal como es; el ciborg no es una figura utópica, sino el resultado de una utilización total de las tecnologías existentes. La segunda es que la tecnología permite al ciborg ver las cosas de modo distinto, a escalas muy contrastadas y con una intensidad que la visión tradicional no posee. La hiperrealidad está hecha para los ciborg.

El ciborg es, por supuesto, una ficción, pero el sujeto humanista, el hombre ideal del renacimiento, también lo era. La dimensión virtual de la arquitectura trata sobre todo de la constante invención del sujeto. El diseño, el orden y la proporción, el ornamento, la estructura y el espacio trataban ya de la posible definición del sujeto. El diseño asistido por ordenador representa también una oportunidad para la arquitectura de reestablecer unos poderosos vínculos con la ciencia y el arte contemporáneos, unos vínculos que son sinónimos de la aún mayor importancia de la experimentación y de la actitud experimental en el campo de la arquitectura. A menudo se acusa a la arquitectura digital de basarse únicamente en manipulaciones formales. La misma noción de manipulación, en todo caso, camina de la mano de la experimentación. ¿Qué es, por ejemplo la Data Town de MVRDV si no un experimento comparable, hasta cierto punto, con lo que está ocurriendo en la ciencia?

La posibilidad de experimentar se ve realzada por la flexibilidad de los programas informáticos que pueden desviarse de sus objetivos originales para uso de los arquitectos. Éstos no están solos en esos procesos de desviación. También los artistas se pueden beneficiar de aplicaciones desarrolladas en los ámbitos de la industria o de la medicina y, a menudo, su uso produce diseños sorprendentes. Cada día surgen nuevas relaciones entre la arquitectura y el arte basadas en el uso extensivo del ordenador.

El restablecimiento de fuertes vínculos entre la ciencia contemporánea y el arte no implica que la arquitectura vaya a recobrar su anterior condición de disciplina global. El arquitecto ya no puede aparecer a la vez como científico y artista, tal como habría querido Vitruvio. La ambición de William J. Mitchell de transformar al arquitecto en el jefe de obra del ciberespacio tal vez sea igualmente poco realista.[37] La nueva dimensión virtual de la arquitectura es más bien sinónimo de la posibilidad de participar plenamente en el desarrollo del mundo, con modestia y decisión. Más allá de la utopía, aún hay mucho que hacer para un oficio que Diderot y d'Alembert situaron en su día bajo el paraguas de la imaginación.[38]

---

[1] Ése es, por ejemplo, el significado de la palabra en los escritos de Claude Perrault. Véase: Picon, Antoine, *Claude Perrault 1613-1688, ou la curiosité d'un classique*, Picard, París, 1988.

[2] Bressani, Martin, "Science, histoire et archéologie: Sources et généalogie de la pensée organiciste de Viollet-le-Duc" (tesis doctoral, Université de Paris IV, 1997). Véase también: Van Eck, Caroline, *Organicism in Nineteenth-Century architecture: An inquiry into its theoretical and philosophical background*, Architectura & Natura Press, Ámsterdam, 1994.

[3] Baxandall, Michael, *Formes de l'intention. Sur l'explication historique des tableaux*, Jacqueline Chambon, Nimes, 1991, pág. 176 (publicado originalmente en inglés como *Patterns of intention: On the historical explanation of paintings*, Yale University Press, New Heaven, 1985; versión castellana: *Modelos de intención: sobre la explicación histórica de los cuadros*, Hermann Blume, Madrid, 1989).

[4] Deleuze, Gilles, *Le Pli: Leibniz et le baroque*, Éditions de Minuit, París, 1988 (versión castellana: *El pliegue*, Paidós, Barcelona, 1989).

[5] Véase, por ejemplo, Galluzzi, Paolo (ed.), *Gli ingenieri del Rinascimento da Brunelleschi a Leonardo da Vinci*, Giunti, Florencia, 1996.

[6] Clayssen, Dominique, *Jean Prouvé: l'idée constructive*, Dunod, París, 1983.

[7] Pérouse de Montclos, Jean-Marie (ed.), *Étienne-Louis Boullée. Architecture: essai sur l'art*, Hermann, París, 1968, pág. 46 (versión castellana: *Arquitectura, ensayo sobre el arte*, Editorial Gustavo Gili, Barcelona, 1985, pág. 41).

[8] Véase, por ejemplo, Tafuri, Manfredo, *Progetto e utopia. Architettura e sviluppo capitalistico*, Laterza, Roma/Bari, 1973.

[9] Bossuet, Jacques Bénigne, *Introduction à la philosophie, ou de la connaissance de dieu, et de soi-mesme*, R. M. d'Espilly, París, 1722, págs. 37-38.

[10] Véase Laroque, Didier, *Le discours de Piranèse: l'ornement sublime et le suspens de l'architecture*, Les Éditions de la Passion, París, 1999.

[11] Sobre la teoría de Gottfried Semper, véanse: Herrmann, Wolfgang, *Gottfried Semper: In search of architecture*, The MIT Press, Cambridge (Mass.)/Londres, 1984; Malgrave, Harry, introducción a *Gottfried Semper. The four elements of architecture and other writings*, Cambridge University Press, Cambridge, 1989, págs. 1-44; Frampton, Kenneth, *Studies in tectonic culture*, The MIT Press, Cambridge (Mass.), 1995 (versión castellana: *Estudios sobre cultura tectónica*, Akal, Madrid, 1999).

[12] Viollet-le-Duc, Eugène-Emmanuel, "À Monsieur Adolphe Lance, rédacteur du journal L'Encyclopédie d'architecture", en *L'encyclopédie d'architecture*, Bance, París, enero de 1856, col. 11.

[13] Viollet-le-Duc, Eugène-Emmanuel, *Entretiens sur l'architecture* (2 vols.), A. Morel et Cie., París, 1863-1872 (versión castellana: *Conversaciones sobre la arquitectura*, Consejo General de la Arquitectura Técnica de España, Madrid, 2007).

[14] Thompson, D'Arcy W., *On growth and form* [1917], Cambridge University Press, Cambridge, 1942 (versión castellana: *Sobre el crecimiento y la forma*, Cambridge University Press, Madrid, 2003).

[15] Sobre el alcance y significado de la referencia a la máquina en la obra de Le Corbusier véase, por ejemplo: Tzonis, Alexander, *Le Corbusier: poétique, machines et symboles*, Hazan, París, 2001.

[16] Véase Pestre, Dominique, "Pour une histoire sociale et culturelle des sciences: nouvelles définitions, nouveaux objets, nouvelles pratiques", en *Annales histoire sciences sociales*, 50, 3, mayo-junio de 1995, págs. 487-522.

[17] Galison, Peter, "Aufbau/Bauhaus: Logical positivism and architectural Modernism", en *Critical Inquiry*, 16, 1990, págs. 709-752.

[18] Torroja, Eduardo, *Razón y ser de los tipos estructurales*, CSIC/Instituto de Ciencias de la Construcción "Eduardo Torroja", Madrid, 2000[10].

[19] Goodman, Nelson, *Ways of worldmaking*, Hackett, Indianápolis, 1978 (versión castellana: *Maneras de hacer mundos*, Visor, Madrid, 1990).

[20] Edwards, Paul N., *The closed world: Computers and the politics of discourse in Cold War America*, The MIT Press, Cambridge (Mass.), 1996.

[21] Wigley, Mark, "Planetary homeboy", en *Any Magazine*, 17, 1997, págs. 16-23.

[22] Véase, AA VV, *Archigram*, Éditions du Centre Georges Pompidou, París, 1994.

[23] Lynn, Greg, *Animate form*, Princeton Architectural Press, Nueva York, 1998.

[24] "(Un) bit no es ni una partícula de materia ni una idea elemental, es un suceso atómico", en Lévy, Pierre, *La machine univers: création, cognition et culture informatique*, La Découverte, París, 1987, pág. 124.

[25] Gleick, James, *Chaos: Making a new science*, Viking Press, Nueva York, 1987 (versión castellana: *Caos: la creación de una ciencia*, Seix Barral, Barcelona, 1988); VV AA., *Chaos et déterminisme*, Éditions Le Seuil, París, 1992.

[26] Sobre diagramas véase, por ejemplo, "Diagram works", en *Any Magazine*, 23, 1988.

[27] Van Berkel, Ben y Bos, Caroline, *Move (I: Imagination, II: Techniques, III: Effets)*, Un Studio/ Goose Press, Ámsterdam, 1999.

[28] Maas, Winy, *et al.*, *Farmax: Excursions on density, 010 publishers*, Róterdam, 1994.

[29] Kwinter, Sanford, "Flying the bulllet, or when did the future begin?", en *Rem Koolhaas. Conversations with students*, Princeton Architectural Press, Nueva York, 1996 (versión castellana: "Volar con la bala, o ¿cuándo empezó el futuro?", *Rem Koolhaas. Conversaciones con estudiantes*, Editorial Gustavo Gili, Barcelona, 2002, págs. 65-93).

[30] Fuksas, Massimiliano (ed.), *Città. Less aesthetics more ethics*, La Biennale di Venezia/ Marsilio, Venecia, 2000.

[31] Reiser, Jesse, *Solid-state architecture*, Academy Editions/John Wylie, Nueva York, 1998.

[32] Mandelbrot, Benoît, *Les objets fractals: forme, hasard et dimension*, Flammarion, París, 1989[3] (versión castellana: *Los objetos fractales: forma, azar y dimensión*, Tusquets, Barcelona, 2006[6]).

[33] Nouvel, Jean, "A venir", en *L'Architecture d'aujourd'hui*, 296, 1994, pág. 50.

[34] Hays, K. Michael, *Modernism and the posthumanist subject: The architecture of Hannes Meyer and Ludwig Hilberseimer*, The MIT Press, Cambridge (Mass.), 1992.

[35] Picon, Antoine, *La Ville territoire des cyborgs*, Les Éditions de l'Imprimeur, Besançon, 1998.

[36] Haraway, Donna, "Manifesto for Cyborgs: sciences, technology, and socialist feminism in the 1980s", en *Socialist Review*, 15, 2, 1985, pág. 65-107. Haraway, Donna J., "Manifesto for cyborgs: Science, technology, and socialist feminism in the 1980s", en *Socialist Review*, 15:2, 1985, págs. 65-107 (versión castellana: *Manifiesto para cyborgs*, Universitat de València, Valencia, 1995); Haraway, Donna J., *Simians, cyborgs and women: The reinvention of nature*, Routledge, Nueva York, 1991; Edwards, Paul N., *op. cit.*

[37] Mitchell, William J., *City of bits: Space, place and the Infobahn*, The MIT Press, Cambridge (Mass.), 1995.

[38] Diderot, Denis y Le Rond d'Alembert, Jean, "Système figuré des connoissantes humaines", en *Encyclopédie, ou dictionnaire raisonné des sciences, des arts et des métiers* (17 vols.), Briasson, París, 1751-1772, vol. 1.

La arquitectura y las tecnologías de la vida

Sanford Kwinter

1991

Poca gente discutiría que nuestra civilización, nuestra ética y nuestra política son cada vez más tecnológicas. Y no es ahí donde reside el problema, sino más bien en el hecho de que nosotros como seres, como animales, como ejemplos de lo que una vez fue la *naturaleza* humana, somos ya tan plena e irremisiblemente tecnológicos, que hasta nos vemos privados de un lenguaje con el que articular, o siquiera enunciar, una memoria del tránsito histórico hacia ese destino que nos reclama. El imperativo tecnológico occidental —la voluntad de dominio de una naturaleza indiferente y de las involuntarias crueldades del azar— no puede pensarse sencillamente como algo separado de ese otro sueño más general (y, en cualquier caso, aparentemente noble) de la emancipación material y espiritual de la humanidad. Desde el renacimiento, el "Hombre" se ha definido —en su esencia— como un ser *libre* y creativo, y esa ideología es la fuente tanto del humanismo liberal, recientemente estigmatizado y caído en desgracia, como de una tendencia más sólida e implacable a ejercer esa libertad conquistando y subyugando a la naturaleza mediante la técnica. Es por esa razón por la que puede ser necesario todavía pensar en nuestro ser tecnológico, en nuestra condición, como un *destino*, pues ya no somos la clase de humano que fuimos antaño, y aún hoy apenas somos capaces de imaginar en qué otra clase podríamos convertirnos, si no es en relación a ese "tipo" de personificación de una libertad ultramoderna.[1]

Hasta el siglo XIX, las técnicas humanas en los ámbitos sociales, políticos, científicos, industriales y domésticos estuvieron inconteniblemente orientadas al dominio de la adversidad y el azar en el mundo externo

Kwinter, Sanford, "Architectures and the technologies of life", presentado originalmente en forma de conferencia en Columbia University, Nueva York, en noviembre de 1991. Publicado en *AA Files*, 27, Londres, verano de 1994, págs. 3-4 (la versión corregida que aquí se publica está incluida en: Kwinter, Sanford, *Far from equilibrium. Essays on technology and design culture*, Actar, Barcelona, 2007, págs. 128-133).

de la naturaleza. Desde el cambio de siglo, no obstante, esa voluntad de dominio se ha visto desplazada, al menos parcialmente, del mundo no humano, y aplicada también al conocimiento y control de la naturaleza humana. Durante ese período, el auge y el desarrollo de las industrias del conocimiento conocidas hoy como ciencias sociales o humanas fue poco más que una respuesta lógica —es decir, ostensiblemente humana y cultivada— a una civilización cuyo *ethos* tecnológico se había convertido en nada menos que su motor principal y para la que la administración política, así como el control, la planificación y la integración de las poblaciones humanas en ese *ethos*, se convirtieron en algo primordial. De cualquier modo, este nuevo escenario del desarrollo de la técnica occidental ha sido mucho menos una respuesta a una necesidad humana filosófica o formulada orgánicamente, que la reacción a una crisis (social y ergonómica) generada por el desarrollo de la propia técnica. Desde entonces, la tecnología se ha orientado cada vez más, y con creciente e incluso terrorífico refinamiento, al control, a la gestión y ahora a la *planificación* de la actividad humana.

Lo que resulta crucial de estos desarrollos, aunque también está convincentemente oculto por ellos, es que los procesos de *creación* y los de *conocimiento* de nuestra cultura ya no están separados. Únicamente a través de los métodos genealógicos de la filosofía (y a través de sus casi caducas modalidades de atención y concentración) este hecho puede vislumbrarse, aunque débilmente. Tampoco resulta en modo alguno inoportuno, ni carente de importancia, que actualmente el problema de la tecnología se introduzca cada vez más en la rica intersección que se produce entre la filosofía y la arquitectura. Y eso es así, no sólo porque el conocimiento puede identificarse como el ámbito propio de la filosofía y la creación como el de la arquitectura, sino también porque es la forma peculiar, privilegiada y posiblemente insidiosa en que la arquitectura envuelve el *ethos* tecnológico a través de sus propias modalidades de conocimiento y la manera, a la vez oculta y por inventarse, en que la filosofía podría servirnos como una nueva y crucial modalidad de *creación*, que está en juego ahora y lo estará en las décadas venideras.

El hecho de que desde el siglo xix nuestra civilización tecnológica haya dirigido con mucha más intensidad su atención sobre el "conocer/crear" hacia lo humano y otros entornos orgánicos —el estudio de la sociedad, la "psique", la historia y la economía, así como tejidos, moléculas y procesos vitales— se encuentra entre los avances más importantes de nuestra historia moderna. En 1934, en una obra magistral sobre la historia de la técnica humana, Lewis Mumford bosquejó a grandes rasgos tres períodos importantes del desarrollo tecnológico occidental: primero, el Período Eotécnico, caracterizado por las tecnologías de las energías hidráulica y eólica, el trabajo del vidrio y la madera; a continuación, el Período Industrial o Paleotécnico, de minas oscuras, fábricas atestadas y ciudades ennegrecidas, derivado de la combustión y la presión, el vapor y el carbón; finalmente el Período Neotécnico, desde el cual el propio Mumford escribía, un período cuya innovación consistía en haber vinculado irreversiblemente su *techné* a las minuciosas y precisas operaciones de las matemáticas y la aparentemente infinita fecundidad de la ciencia. Este último período aportó la técnica de las aleaciones, los metales ligeros, los compuestos sintéticos, los misterios invisibles de los procesos químicos y, en especial, la energía eléctrica, así como la reintegración de los largamente ignorados entornos "húmedos", como la granja, la viña y el laboratorio fisiológico. Hacia el final de su libro *Técnica y civilización*,[2] y con la singularidad y la imprevisibilidad de una erupción volcánica, Mumford señala, aunque sólo de pasada, el advenimiento de lo que llamó "el período biotécnico, ya visible al borde del horizonte".

No cabe duda de que la visión, un presentimiento casi imposible, de Mumford, emerge hoy con una fuerza tan impresionante como terrorífica, pues es inevitable. El enorme programa sin precedentes de la administración global en nombre del proyecto epidemiológico del sida y sus iniciativas inmunológicas y farmacéuticas, igualmente masivas; el auge casi anárquico de las nuevas industrias de la biología como si fueran poco más que refinamientos estructurales dentro del ya familiar paradigma de Silicon Valley; el Proyecto del Genoma Humano, que abraza todo lo anterior, una obra pública tan colosal que en sus proporciones es totalmente militar... Éstas son sólo algunas de las formas más visibles de un proceso mucho más general de transformación que está teniendo lugar a nuestro alrededor. Incluso en el entorno construido, surgen por todas partes transformaciones biotécnicas fundamentales. En primer lugar, los procesos sin precedentes de integración orgánica de las máquinas y los sistemas infraestructurales que tienen lugar a varias escalas: la integración del sonido, el texto, la imagen y los flujos de datos en crudo hacia el entorno fundido, singular, sensorial del entorno multimedia; la integración de tales microentornos o "estaciones" en sistemas macro o globales permanentemente activados a través de redes de teléfono digital, cable o fibra óptica; y, tal vez lo más importante de todo, la integración *fenomenológica* del sistema nervioso humano en dichas redes multiniveles y multiescalares a través de las llamadas interfaces interactivas "naturales o "fluidas" que utilizan la voz, el gesto y el tacto. Estas nuevas arquitecturas pueden entenderse sólo en términos de un nuevo tipo de concreción o materialidad, uno que se dirige hacia nuestros "modos de atención" orgánicos y al sustrato de la respuesta nerviosa y sensorial humana.

Sin embargo, esta penetración activa de la información en la materia va mucho más allá, en primer lugar a través de la progresiva saturación de nuestros entornos físicos y mecánicos mediante el microchip, que en estos momentos augura que va a dejar aparentemente intacto, aunque también computerizado, todo aspecto del entorno material que hemos heredado; lo dejará controlado por *software*, a distancia, en respuesta a tiempo real e intervinculado. Segundo, a medida que la ciencia de los materiales despliega su apabullante panoplia de materiales activos, sensitivos o programables, como las aleaciones con memoria de forma, cristales, cerámicas y polímeros, nuevos materiales híbridos con cristales piezoeléctricos integrados y moléculas orgánicas —todos capaces de cambiar de forma y estructura en respuesta a un abanico de estímulos ambientales—, la propia idea de arquitectura como música *congelada* por fin se ha vuelto literal, y no sólo ideológicamente, obsoleta. El auge de los grupos de expertos e institutos de investigación en vida artificial (en oposición a la inteligencia artificial) y el notable prestigio adquirido por las especulaciones de los ingenieros, antaño puramente teóricas, en nanotecnología, son asimismo señales de una transformación fundamental que nos aleja del paradigma mecánico clásico.

Ha empezado a surgir esta nueva visión orgánica, termodinámica e informacional de la forma arquitectónica. Somos testigos de la tendencia de Peter Eisenman desde 1990 hacia las formas pulsantes y erráticas, los sistemas autorregulables y los trazados y transformaciones continuos, como aquellos opuestos a los diferenciados; somos testigos de la utilización de sistemas de reacción y difusión multinivel por parte de Bernard Tschumi (Parc de La Villette) donde los puntos, líneas y superficies se transforman, como órdenes impresas en una pauta musical, en actividades de intensificación, transmisión o difusión; y, por último, somos testigos del abrazo urbanístico de las fluctuaciones, inestabilidades, interferencias, sistemas continuamente actualizados por parte de Rem Koolhaas y de su perspicaz comprensión de que es la forma *blanda*, no la dura, la que contiene el máximo de estructura *activa*.

Pero no es sólo a través de la arquitectura, ni siquiera de las geniales resoluciones de los ejemplos anteriores, como llegaremos a entender plenamente nuestro destino y posición en el mundo tecnológico moderno; eso sólo ocurrirá en conjunción con una filosofía sostenida y creativa, entendida no sólo como una forma de conocimiento, sino también como una forma de creación. Al fin y al cabo, la libertad no es algo con que los humanos puedan ser nuevamente investidos de algún modo mediante operaciones, sino algo que debe reinventarse continuamente. Si las condiciones históricas, materiales y técnicas de nuestro ser están hoy inextricablemente entretejidas y nos resultan prácticamente invisibles, esto sólo significa que nuestras capacidades conceptuales e inventivas deben ponerse al mismo nivel. Nuestro apuro puede tal vez resumirse mejor con el proverbio, citado en su momento por el filósofo de la tecnología George Grant: "Toma lo que quieras, dijo Dios; tómalo... y paga por ello".

---

[1] Esos son los temas primordiales de la obra del filósofo George Grant y se han tomado directamente de él.
[2] Mumford, Lewis, *Technics and civilization*, Harcourt Brace & Co., Nueva York, 1934 (versión castellana: *Técnica y civilización*, Altaya, Barcelona, 1998).

Deleuze y el uso del algoritmo genético en arquitectura

Manuel DeLanda

2002

La simulación informática de procesos evolutivos ya es una técnica bien arraigada en el estudio de dinámicas biológicas. Uno puede dar rienda suelta a una población de plantas o animales virtuales en un entorno digital y realizar un seguimiento de cómo esas criaturas unen sus materiales genéticos virtuales hasta su reproducción. La dificultad consiste en definir la relación entre los genes virtuales y los rasgos físicos que generan. El resto de tareas —el seguimiento de quién se relaciona con quién, la asignación de valores de aptitud a cada nueva forma, la determinación de cómo un gen se transmite a través de una población de varias generaciones— las realizan automáticamente unos programas de ordenador conocidos como "algoritmos genéticos". El estudio de las propiedades formales y funcionales de este tipo de *software* se ha convertido ya en una disciplina en sí misma, bastante independiente de las aplicaciones en investigación biológica que pueden tener esas simulaciones. En el presente ensayo no trataré de los aspectos informáticos de los algoritmos genéticos ni de su uso en biología, sino que me centraré en las aplicaciones que estas técnicas pueden tener como ayudas del diseño artístico.

En cierto sentido, las simulaciones evolutivas sustituyen al diseño, puesto que los artistas pueden utilizar este *software* para generar formas nuevas en lugar de simplemente diseñarlas. No obstante, como explicaré más adelante, quedará una parte del proceso en la que el diseño consciente será todavía un componente crucial. Puesto que el propio *software* es relativamente bien conocido y es de fácil acceso, los usuarios pueden tener la impresión de que generar formas nuevas se ha con-

DeLanda, Manuel, "Deleuze and the use of the genetic algorithm in architecture", en *Architectural Design*, vol. 72, 1, John Wiley & Sons, Nueva York, 2002, págs. 9-12. Reproducido con autorización de John Wiley & Sons Ltd.

vertido en algo rutinario. Sin embargo, también debe señalarse que el espacio de los posibles diseños en que el algoritmo funcione debe ser lo suficientemente rico como para que los resultados evolutivos resulten verdaderamente excepcionales. Como ayuda al diseño, esas técnicas serían más bien inútiles si el diseñador pudiera predecir fácilmente las formas que se van a obtener.

Los algoritmos genéticos sólo servirán como instrumentos de visualización útiles si la evolución virtual puede utilizarse para explorar un espacio en el que al diseñador le resulte imposible considerar todas las configuraciones potenciales de antemano, y sólo si lo que se obtiene resulta chocante, o al menos sorprendente. En la labor de diseñar espacios fértiles de investigación, algunas ideas filosóficas, como las que traza Gilles Deleuze, desempeñan un papel crucial. Diría que el uso productivo de los algoritmos genéticos necesita el despliegue de tres formas de pensamiento filosófico: poblacional, intensivo y topológico. Deleuze no las inventó, pero sí las reunió por primera vez, e hizo de ellas la base de un nuevo concepto en la génesis de la forma.

Para utilizar algoritmos genéticos, debe conocerse previamente un campo particular del arte que resuelve el problema de la representación del producto final en términos del proceso que lo generó. A continuación debe averiguarse cómo representar ese mismo proceso como secuencia de operaciones bien definida. Es esta secuencia o, mejor dicho, el código informático que la especifica, lo que se convierte en el "material genético" del objeto en cuestión. El problema puede simplificarse con la utilización del diseño asistido por ordenador, dado que el modelo en CAD de una estructura arquitectónica ya viene definido por una serie de operaciones. Por ejemplo, un pilar redondo se produce mediante las siguientes instrucciones.

1. Dibujar una línea que defina el perfil del pilar.
2. Hacer girar esa línea para generar una superficie de revolución.
3. Ejercer unas "substracciones booleanas" para esculpir detalles en el cuerpo de la columna.

Algunos paquetes de *software* almacenan esta secuencia y pueden incluso poner a disposición del usuario el código informático que le corresponde. En ese caso, el propio código se convierte en el "ADN virtual" del pilar (se procede de manera similar para crear todos los elementos estructurales y ornamentales del edificio).

Para entender el paso siguiente del proceso, es necesario entender los principios básicos del "pensamiento poblacional", un método de razonamiento utilizado en 1930 por los biólogos que sintetizaron las teorías de Charles Darwin y Georg Mendel, creando a partir de ellos la versión moderna de la teoría evolutiva. Se trata de un método de pensamiento que puede resumirse en la breve frase: "No pensar nunca en términos de Adán y Eva, sino en términos de comunidades reproductivas mayores"; es decir que, aunque toda forma evolucionada procede de organismos individuales, la población, y no el individuo, es la matriz de producción de la forma. La arquitectura de cualquier planta o animal evoluciona lentamente a medida que los genes se propagan en una población —a ritmos diferentes y en distintos momentos—, de modo que se sintetiza lentamente una nueva forma en el seno de la gran comunidad reproductiva.[1] La lección para el diseño informático es simplemente que, una vez establecidas las relaciones entre los genes virtuales y los rasgos corpóreos virtuales de un edificio en CAD, como se indicaba anteriormente, una población entera —y no sólo "una pareja"— de tales edificios deben ver la luz en el ordenador. El arquitecto debería añadir puntos en los que las mutaciones espontáneas puedan ocurrir a la secuencia de operaciones de CAD. En el caso de un pilar, por ejemplo, se deberían tener en cuenta las proporciones relativas de la línea inicial, el centro de rotación y la forma en que se realizan las substracciones booleanas y permitir a esas instrucciones mutantes que se propaguen e interactúen colectivamente a lo largo de varias generaciones.

Al pensamiento poblacional, Deleuze añade otro estilo cognitivo, el "pensamiento intensivo", que, en su forma presente, se deriva de la termodinámica, pero tiene raíces tan lejanas como las de la filosofía tardomedieval. La definición moderna de una cantidad intensiva se vuelve clara cuando se contrasta con su opuesta, la cantidad extensiva, que incluye magnitudes tan familiares como longitud, superficie y volumen. Éstas aparecen definidas como magnitudes que pueden subdividirse espacialmente; es decir, que un volumen de agua dividido por dos, produce dos medios volúmenes de agua. Por otro lado, el término "intensivo" se refiere a cantidades como las de la temperatura, la presión o la velocidad, que no pueden subdividirse como tales; es decir, que dos mitades de un volumen de agua a 90° no se convierten en dos medios volúmenes a 45°, sino en dos medios volúmenes a los 90° originales. Aunque para Deleuze esa falta de divisibilidad es importante, también hace hincapié en otro rasgo de las cantidades intensivas: una diferencia de intensidad, que tiende espontáneamente a apagarse y, en el proceso, reconduce los flujos de materia y energía. En otras palabras, las diferencias de intensidad son diferencias productivas, puesto que dirigen procesos en los que se produce una diversidad de formas reales.[2] Por ejemplo, el proceso de embriogénesis que produce un cuerpo humano de un óvulo fertilizado es un proceso dirigido por diferencias de intensidad (diferencias de concentración química, de densidad o de tensión superficial).

¿Qué significa eso para el arquitecto? Significa que, a menos que uno lleve a un modelo de CAD los elementos intensivos de la ingeniería estructural, básicamente la distribución de esfuerzos, un edificio virtual no evolucionará como edificio. En otras palabras, si el pilar anteriormente descrito no está vinculado al resto del edificio como un elemento sustentador de cargas, en la tercera o cuarta generación, ese pilar podrá aparecer situado de tal manera que no sea capaz ejercer su función de transmitir las cargas de compresión. El único modo de asegurar que los elementos estructurales no pierdan su función y, por tanto, de que el edificio no pierda su viabilidad como estructura estable, es intentar representar la distribución de esfuerzos. Uno debe mostrar qué tipos de concentraciones pueden poner en peligro la integridad de la estructura durante el proceso que traduce genes virtuales a cuerpos. Por ejemplo, en el caso de los organismos reales, si un embrión en desarrollo se torna estructuralmente inviable, ni siquiera llegará a la edad reproductiva en que estaría sujeto al proceso de selección natural. Se lo omite antes. Un proceso similar debería simularse en el ordenador para asegurar que los productos de la evolución virtual sean viables en términos de ingeniería estructural antes de ser susceptibles de selección por el diseñador en términos de "capacidad estética".

Asumamos ahora que se han satisfecho ya dichos requerimientos, tal vez por un arquitecto pirata que tome un *software* existente (un paquete de CAD y otro de ingeniería estructural) y escriba un código que los una. Si alguien quisiera ahora ponerse a utilizar la evolución virtual como instrumento de diseño, podría decepcionarse por el hecho de que el único papel que le queda al ser humano es el juicio estético. El papel del diseñador se ha transformado (algunos dirían degradado) en el equivalente a un criador de caballos de carreras. Queda, claramente, un componente artístico, pero apenas nada de la creatividad que uno identificaría con el desarrollo de un estilo artístico personal. Aunque los eslóganes actuales sobre la "muerte del autor" y las actitudes contra la "visión romántica del genio" están muy en boga, espero que se trate de una fase pasajera y que las cuestiones del estilo personal vuelvan a cobrar relevancia. ¿Estarán esos autores satisfechos con el papel de criadores de formas virtuales? No es que hasta ahora el proceso haya sido en modo alguno rutinario. Después de todo, el modelo de CAD original debe dotarse de puntos de mutación en los lugares justos, lo que implica decisiones de diseño y mucha creatividad para vincular los elementos ornamentales y estructurales de manera apropiada. En cualquier caso, todo esto queda lejos de los procesos de diseño en que se desarrolla un estilo único.

No obstante, existe otra parte del proceso en la que las cuestiones estilísticas siguen siendo cruciales, aunque en un sentido diferente al del diseño común. Explicar esto implica traer a colación el tercer elemento de la filosofía de Deleuze sobre la génesis de la forma: el pensamiento topológico. Una forma de introducir esta manera de pensar es contrastar los resultados obtenidos por los artistas mediante el algoritmo genético con aquellos obtenidos por la evolución biológica. Cuando uno observa los logros artísticos, lo más sorprendente es que, una vez generadas algunas formas interesantes, los procesos evolutivos parecen agotar sus posibilidades. Siguen apareciendo nuevas formas, pero resultan demasiado parecidas a las originales, como si el espacio posible para el diseño, un espacio explorado por el proceso, se agotara.[3] Eso contrasta con la increíble productividad combinatoria de formas naturales, como los miles de "diseños" arquitectónicos originales que exhiben los cuerpos de los vertebrados o los insectos. Aunque los biólogos no tienen una explicación concluyente para ese hecho, una posible aproximación a la cuestión podría darse a través de la noción de un "plan corporal".

Como vertebrados, la arquitectura de nuestros cuerpos (que combina huesos que absorben las cargas a compresión y músculos que trabajan a tracción) nos convierte en parte de la Phylum Cordata. El término *phylum* se refiere a una rama del árbol de la evolución (la primera bifurcación tras los "reinos" animal y vegetal), pero también conlleva la idea de un plan corporal compartido; hace referencia a un "vertebrado abstracto" que, si se dobla y enrolla en secuencias particulares durante la embriogénesis, da paso a un elefante que, retorcido y estirado en otra secuencia, produce una jirafa y que, en otra secuencia de operaciones intensivas, da pie a serpientes, águilas, tiburones y humanos. Para decirlo de otro modo, existen elementos de diseño del "vertebrado abstracto", como los tetrápodos, que pueden verse realizados en estructuras tan diferentes como la pezuña del caballo, el ala de un pájaro o la mano con pulgar opuesto de un humano. Dado que la proporción de esos miembros, así como el número y forma de sus dedos, es variable, su plan corporal común no puede incluir ninguno de esos detalles. En otras palabras, la forma del producto final —un caballo, un pájaro o un humano reales— contiene longitudes, áreas y volúmenes específicos. No obstante, el plan corporal no puede verse definido en esos términos y debe ser lo bastante abstracto para resultar compatible con muchas combinaciones distintas de esas cantidades extensivas. Deleuze utiliza los términos "diagrama abstracto" o "multiplicidad virtual" para referirse a las entidades comunes del plan corporal de los vertebrados, pero su concepto incluye también los planes corporales de entidades inorgánicas como las nubes o las montañas.[4]

¿Qué tipo de recursos teóricos necesitamos para analizar esos diagramas abstractos? En matemáticas, los espacios en los cuales términos como "longitud" o "superficie" constituyen nociones fundamentales se denominan "espacios métricos". La conocida geometría euclidiana es un ejemplo de este tipo de espacios, teniendo en cuenta que las geometrías no euclidianas, que utilizan espacios curvos en lugar de planos, son también métricas. Por otro lado, existen geometrías en que esas nociones no son básicas, puesto que procesan operaciones que no preservan longitudes o áreas. Los arquitectos están familiarizados con, al menos, una de ellas, la geometría proyectiva, cuando la usan para proyecciones perspectivas. En ese caso, la operación de "proyección" puede extender o reducir longitudes y áreas, de manera que ésas no son ya las nociones básicas. En cambio, las propiedades que quedan fijadas bajo la proyección pueden no verse preservadas en otras formas de geometría, como la geometría diferencial o la topología. Las operaciones permitidas por esta última, como la de estirarse sin romperse y doblarse sin pegarse, sólo preservan una serie de propiedades invariables abstractas. Esas invariantes topológicas —como la dimensionalidad de un espacio o su conectividad— son precisamente los elementos que necesitamos para empezar a pensar sobre planes corporales o, de manera más general, diagramas abstractos. Está claro que el tipo de estructura espacial que define un plan corporal no puede ser métrico, puesto que las operaciones embriológicas pueden producir una gran variedad de cuerpos acabados, cada uno con su estructura métrica diferente. Por ello, los planes corporales deben ser topológicos.

Volviendo al algoritmo genético, si las estructuras arquitectónicas evolucionadas deben disfrutar del mismo grado de productividad combinatoria que las biológicas, tendrán también que empezar con el diagrama adecuado, un "edificio abstracto" equivalente al "vertebrado abstracto". Y, llegados a este punto, el papel del diseñador va más allá del de "criador", con artistas diferentes diseñando diagramas topológicos diferentes con su firma personal. En cualquier caso, el proceso de diseño diferirá bastante del tradicional que opera con espacios métricos. De hecho, es demasiado pronto para decir con precisión qué tipo de metodología de diseño será necesaria cuando uno no pueda utilizar longitudes o incluso proporciones fijas como elementos estéticos, sino apoyarse en puras conectividades (y otras invariantes topológicas). Sin embargo, está claro que sin ello el espacio de posibilidades en que la evolución virtual busca a ciegas resultaría demasiado pobre para su utilización. De este modo, los arquitectos que quieran utilizar el nuevo instrumento de los algoritmos genéticos deberán no sólo convertirse en piratas informáticos (para poder crear el código necesario que reúna aspectos extensivos e intensivos), sino también ser capaces de "piratear" la biología, la termodinámica, las matemáticas y otras áreas de la ciencia para explotar todos los recursos necesarios. Por fascinante que pueda ser la idea de "criar" edificios dentro de un ordenador, está claro que la simple tecnología digital sin el pensamiento poblacional, intensivo y topológico, nunca será suficiente.

---

[1] "Por un lado [...], las formas no preexisten a esa población elemental, son más bien resultados estadísticos: la población se distribuirá tanto mejor en el medio, se lo repartirá tanto más en la medida en que adquirirá formas divergentes, en la medida en que su multiplicidad se dividirá en multiplicidades de distinta naturaleza [...]. Por otro lado, al mismo tiempo y bajo las mismas condiciones, los grados no son de desarrollo o de perfección existentes [...], sino esas relaciones y coeficientes diferenciales tales como presión de selección, acción de catalizador, velocidad de propagación, tasa de crecimiento, de evolución, de mutación, etc. [...]. Las dos conquistas fundamentales del darwinismo van en el sentido de una ciencia de multiplicidades: la sustitución de los tipos por poblaciones, y la de los grados por las tasas o relaciones diferenciales", Deleuze, Gilles y Guattari, Félix, *Mil plateaux: capitalisme et schizophrénie*, Éditions de Minuit, París, 1980 (versión castellana: *Mil mesetas: capitalismo y esquizofrenia*, Editorial Pre-Textos, Valencia, 2000[4], pág. 55).

[2] "Diferencia no es diversidad. La diversidad viene dada, pero la diferencia es aquello por lo que lo dado es dado [...]. La diferencia no es un fenómeno sino el noúmeno más cercano al fenómeno [...]. Cada fenómeno se refiere a una desigualdad por la que viene condicionado. Todo lo que ocurre y todo lo que aparece está correlacionado con órdenes de diferencias: diferencias de nivel, temperatura, presión, potencial, diferencias de intensidad", Deleuze, Gilles, *Différence et répétition*, Presses Universitaires de France, París, 1968 (versión castellana: *Diferencia y repetición*, Amorrurtu, Buenos Aires, 2002).

[3] Véase, por ejemplo, Todd, Stephen y Latham, William, *Evolutionary art and computers*, Academic Press, Nueva York, 1992.

[4] "En sí misma, una máquina abstracta no es más física o corpórea que semiótica, es *diagramática* (ignora tanto más la distinción entre lo natural y lo artificial). Actúa por *materia*, y no por sustancia; por *función*, y no por forma [...]. La máquina abstracta es la pura Función-Materia; el diagrama, independientemente de las formas y de las sustancias, de las expresiones y de los contenidos que va a distribuir", Deleuze, Gilles y Guattari, Félix, *op. cit.*, pág. 144.

El complejo digital: diez años después
Stan Allen
2005

> "Surge de mi ignorancia, mi espantosa ignorancia del mundo, sobre todo de mi entorno inmediato; ¿quién sabe cómo funciona la bombilla, los procesos industriales o los procesos físicos, eléctricos?"
>
> Tony Cragg

Ya hace más de una década desde que se llevaron a cabo los primeros experimentos que emprendieron una serie de procesos nuevos de diseño en la arquitectura. Dirigidas por profesionales y teóricos como Frank O. Gehry, Greg Lynn o Bernard Cache, las escuelas de arquitectura estadounidenses (Columbia, SCI-Arc y UCLA, entre otras) fueron las primeras en reequipar su infraestructura tecnológica y sus métodos docentes. El ejercicio de la profesión les siguió de cerca y, hacia mediados de la década de 1990, emergió un nuevo virtuosismo al tomar los arquitectos prestados el *software* y las técnicas de la animación cinematográfica y la industria aeronáutica. El ordenador hizo que la complejidad pareciera sencilla y los diseñadores se dejaron fascinar por la nueva plasticidad que permitían las técnicas de modelado fluido. La capacidad de trazar los vectores invisibles de lugar y programa animó una obra definida por sus procesos generadores, según el dogma de D'Arcy Thompson de que "la forma es un diagrama de fuerzas". En estas fases iniciales, el efecto de la tecnología digital fue principalmente formal y se caracterizó por un interés por las superficies continuas y las formas biomórficas complejas. No obstante, la novedad de la pro-

Allen, Stan, "The digital complex —ten years after", en *LOG*, 5 (Anyone Corporation, Nueva York), 2005, págs. 93-99.

ducción se convirtió rápidamente en fórmula a medida que se codificaban las técnicas. Lo que en principio había sido un experimento radical, acabó convirtiéndose en producto de masas al seguir otras escuelas la senda de los primeros exploradores. Los jóvenes profesores que sabían de ordenadores se encontraron con una gran demanda profesional y el aprendizaje del uso de la tecnología digital se convirtió en parte integral de la educación arquitectónica.

Sin duda, en la actualidad el estudio de diseño tiene un aspecto muy diferente al de hace diez años, lo que ha llevado a cierta autosatisfacción, salpicada de alarmantes anuncios de otros cambios de paradigma. No obstante, las expresiones formales y las rutinas laborales del diseño digital ya no resultan novedosas. El ordenador es un elemento familiar del estudio de diseño. En un momento en que *todos* los edificios se diseñan por ordenador, hacer explícitos los procesos del diseño digital ya no parece una tarea urgente.

Es fácil olvidar que el terreno del trabajo de innovación en la década de 1990 venía preparándose una década antes, en un momento en que el acceso real a la tecnología informática estaba aún fuera del alcance de la mayoría de los diseñadores experimentales. En la década de 1980, los despachos de las grandes corporaciones habían adoptado los sistemas de CAD como mecanismo para racionalizar la producción de documentos, pero tanto los ordenadores como el *software* eran caros, lentos y difíciles de usar. Como resultado, en las etapas iniciales (bajo la influencia del ciberpunk y de la deconstrucción), los vínculos de la disciplina arquitectónica con la tecnología informática fueron fundamentalmente metafóricos. A medida que se extendió el acceso a Internet, muchos arquitectos quedaron fascinados por el potencial de la interconectividad en red, o identidad personal fluida, que esa tecnología emergente prometía. Los arquitectos intentaron capturar algo de esa nueva sensibilidad a través de proyectos experimentales e instalaciones, que a veces incorporaban imaginería digital. Sin embargo, generalmente esos proyectos acababan llevándose a cabo con sistemas convencionales.

Al trazar la breve historia del diseño digital es igualmente importante destacar que algunos arquitectos, como Preston Scott Cohen o Greg

Lynn, que más tarde se identificarían con la obra del diseño digital, estaban inmersos en investigaciones acerca de la complejidad formal y la geometría descriptiva *antes* de tener acceso al ordenador. Esas investigaciones preliminares les proporcionaron una fuerte base conceptual sobre la que teorizar con las nuevas técnicas de diseño digital a partir de la definición de la propia arquitectura como disciplina. De ese modo, el diseño digital se caracterizó por deformaciones y transformaciones de primitivas geométricas, y los procesos de diseño se entendieron como una inscripción de significado en el objeto mediante series de operaciones formales repetitivas, cada vez más simplificadas por el ordenador. La sofisticación de los procesos de diseño se identificó a su vez con la creciente complejidad del propio objeto. Esa estética de lo intricado y de la complejidad formal encontró su equivalente perfecto en las nuevas técnicas de diseño asistido por ordenador. En ese sentido, la tecnología informática respondía a una serie de problemas que ya se habían definido en el seno de la disciplina y trazó una nueva genealogía de la continuidad y la complejidad.

Y ahora, tras una prehistoria de vínculos metafóricos y una fase experimental en la década de 1990 en la que se establecieron los procesos, entramos en una tercera fase en nuestra relación con la tecnología digital, una fase que describiría como de consolidación y extensión de las posibilidades de lo digital, una fase a la vez más madura y menos compleja. Gracias a una nueva generación de arquitectos que han sido educados totalmente en el régimen digital por un lado y, por otro, a la primera generación de arquitectos formados en lo digital que siguen evolucionando en su forma de pensar, el ordenador empieza a tener un impacto más tangible e inmediato. Esos diseñadores se muestran pragmáticos en relación a la poderosa capacidad del ordenador de producir efectos e innovaciones formales y, a su vez, mantienen una posición realista en relación a sus limitaciones técnicas y procesales. Esos diseñadores encuentran potenciales en mezclas inesperadas de lo digital y lo analógico, lo real y lo virtual, lo convencional y lo fantástico.

Los diseñadores actuales más avanzados se enfrentan al potencial estratégico y operativo del ordenador de una forma que poco tiene que ver con la incorporación literal de las tecnologías digitales, pero que guarda relación con las nuevas formas de pensar que han surgido a raíz de la penetración de las tecnologías en red en todos los aspectos de nuestra vida diaria. Sugieren que lo significativo no son las nuevas formas que el *software* de diseño digital promueve, sino los nuevos modos de ejercicio profesional que permite la tecnología digital. La forma posee un organismo poderoso que toma su lugar junto a cuestiones de comportamiento, organización e invención de usos. Las nuevas estrategias de puesta en práctica van más allá de la tradicional relación entre arquitecto, cliente y constructor para situar el oficio arquitectónico en un lugar más estratégico. Por ejemplo, los arquitectos que controlan los medios de fabricación digital pueden pasar por encima del constructor y tratar directamente con la máquina. Pragmática, inventiva y directa, ésta es una aproximación mucho más conveniente a la habilidad informática en diseño digital, que se entiende ahora como únicamente una más de entre las muchas inteligencias del diseño.

Esta conveniencia es generacional en parte y en parte también es producto del avance de las propias tecnologías. En las décadas de 1980 y 1990, el ordenador mantenía un estatus de culto; dividía la arquitectura entre creyentes y escépticos, un mundo de profetas, discípulos y conversos entusiastas. Como cualquier otro culto, tenía su lenguaje secreto y sus rituales privados. En la actualidad, lo que distingue la obra contemporánea más interesante es su actitud abierta hacia la tecnología digital. El *hardware* y el *software* son baratos, asequibles y fáciles de utilizar; la tecnología digital se ha vuelto, de hecho, más democrática, alejándose de sus orígenes elitistas. Es difícil convertir en fetiche algo que se utiliza a diario. La nueva generación, que ha crecido con la tecnología digital, ha creado un enorme cuerpo de conocimiento. Hoy el ordenador no es una nueva tecnología que deba ser celebrada o deconstruida, es un simple hecho. Su lógica ha sido totalmente absorbida por el ejercicio profesional y el pensamiento contemporáneo. En las escuelas de arquitectura, los estudiantes y profesores jóvenes son los más versados en estas nuevas tecnologías. Ya no se dejan seducir por sus efectos formales ni intimidar por sus dificultades y han cultivado una relación más natural con las tecnologías disponibles.

A veces un patrón es más fácil de reconocer en otros campos. Me gustaría destacar rápidamente tres ejemplos de oficios que me asombran por lo razonable, inventivo y adecuado en la utilización de las tecnologías digitales dentro de las lógicas de su propia disciplina. Todas son relajadas y pragmáticas, más interesadas en la consecuencia que en la consistencia.

"No confundas lo valioso con lo simplemente difícil."
(Frase de una galleta de la suerte.)

El libro electrónico contra la impresión según demanda

Mientras que las grandes compañías mediáticas siguen promoviendo tecnologías de libro electrónico —pequeños artefactos en forma de libro con pantallas de texto—, los ingenieros independientes y pequeños empresarios han desarrollado prototipos funcionales para la imprenta a domicilio. Se trata de máquinas ligeras y portátiles capaces de bajar contenido de Internet, imprimirlo y encuadernar un libro de bolsillo decente (y no el engorroso montón de hojas que sacas de la impresora láser) en unos doce minutos. En este caso, los avances tecnológicos tienen más que ver con unos conocimientos prácticos de ingeniería que con un *software* o tecnología informática complejos. El adelanto reside en la inteligencia estratégica que combina las tecnologías viejas y nuevas de forma innovadora. El potencial, digamos, de incrementar la alfabetización en áreas remotas donde es difícil enviar libros (y donde los artefactos informáticos en forma de libro digital jamás sobrevivirían) es enorme. Algunos observadores de la industria editorial sugieren que el efecto puede ser comparable a la introducción del libro de bolsillo de calidad en la década de 1950.

"No uses software, *todo el mundo lo tiene."*
Bruce Mau

Monstruos S.A. contra *Waking life*

Otro ejemplo provocador es la película de Richard Linklater, *Waking life* (2001), un película sonora y sin argumento filmada en vídeo digital con actores reales, en espacios reales, aprovechando la espontaneidad de improvisación que la tecnología del vídeo permite. Utilizando *software* de baja tecnología desarrollado por el director de arte Bob Sabiston, se convirtió, videograma a videograma, en una película animada. A diferencia de las obras producidas en estudios de reconocido prestigio (Pixar, por ejemplo), en los que se dedican enormes cantidades de potencia informática y vastos recursos de personal para hacer las fantasías animadas lo más reales posible, el efecto aquí es una inestable mezcla entre lo real y lo virtual. En el resultado final, lo real ha adquirido un aire fantástico, pero sin perder nunca del todo la textura de la realidad.

La premisa que permite la animación convencional (pensemos en *Monstruos S.A.*, también de 2001) es la clásica consecución de verosimilitud: si existieran los monstruos enormes y peludos, tendrían exactamente ese aspecto. El pelo ondea a la perfección, los materiales reflejan la luz con realismo y el sonido aparece impecablemente sincronizado. Se ha borrado cualquier inconsistencia que pudiera deshacer el hechizo. En *Waking life*, por el contrario, los actores caminan y se mueven con naturalidad. Se conservan todas las dudas e incertidumbres del discurso diario. Los fondos mantienen todo el ruido visual y la textura detallada de la vida real: el complejo juego de luz y reflejo, la polvorienta realidad posturbana de las localizaciones en Austin, Texas, donde se filmó la mayor parte de la película. Y, aun así, nadie tomaría las imágenes de *Waking life* por reales. No hay aquí ninguna pretensión de verosimilitud. La realidad de la película es un paisaje onírico, una realidad artificial saturada a conciencia —como nuestra realidad ordinaria— con imágenes artificiales. Más que sujetar la ficción a un presunto principio de realidad, se permite a la realidad corriente desplegar sus virtualidades plásticas e inesperadas.

No es de sorprender que al hacer su primera película de animación, el director de *Slacker* (1991) rechace valores de producción difíciles y elaborados y tienda, en cambio, a una cultura de la improvisación, de colaboración, de lo práctico. En *Waking life*, cada personaje es animado por un artista diferente y, aunque unificados por las convenciones del *software*, en la película acabada persisten trazas de la mano de cada animador. El propio *software* es relativamente casero, requiriendo trazado de videogramas por separado, juicios sobre valores cromáticos, pesos de línea y convenciones de representación. Los artistas de *Waking life* se las arreglan con los instrumentos disponibles, en lugar de desarrollar complejos recursos y herramientas específicamente diseñadas. Su relación con el ordenador es más relajada y menos compleja, una relación que sólo puede aparecer cuando el usuario se siente completamente a gusto con la tecnología. Son las ideas y la inteligencia estratégica lo que conduce la película, que resulta de baja definición y gran altura conceptual, contra la alta definición y escasez de ideas de la animación convencional.

La consecuencia es que la película presenta bordes más bastos que otros productos más comerciales. La propia representación se mete constantemente en nuestra recepción de la película, lo que interrumpe la mirada contemplativa, recordando al espectador que se encuentra ante un producto artificial y, a su vez, generando un espacio atmosférico y onírico que es el equivalente perfecto a la propia meditación de la película sobre los sueños y la realidad.

"No tenemos futuro porque nuestro presente es demasiado volátil."
William Gibson

Neuromante contra *Pattern recognition*

Por último, la reciente novela de William Gibson, *Pattern recognition* (2003), provoca un recuerdo de la prehistoria de la cultura del diseño digital. Autor del clásico ciberpunk *Neuromante* (1984), Gibson definió muchas de las convenciones del género. En su nuevo libro, todas esas convenciones aparecen intactas: los personajes habitan un mundo distópico donde la tecnología ha penetrado en cada aspecto de la vida diaria. El control es ubicuo; las identidades, fluidas; y la información encriptada, el bien más preciado. Un sombrío poder controla una vasta red jerárquica, pero una hábil cultura del pirateo consigue sobrevivir en la misma red. No obstante, el asombroso logro del libro es conseguir que su argumento sea creíble a pesar de que la acción no se sitúa en el futuro, sino en el presente. La novela de Gibson nos recuerda que, en gran medida, habitamos el futuro distópico que él imaginó hace veinte años. Parece que la ciencia ficción ya no necesita el futuro.

El sentimiento de urgencia que dominaba su anterior ficción ha sido reemplazado por algo que no es exactamente resignación ni tampoco consternación, sino algo parecido a la curiosidad y la confusión. Las primeras novelas de Gibson eran proyecciones especulativas de un futuro imaginado donde la tecnología erosionaba radicalmente el orden social convencional. Hoy, el poder disruptivo de la tecnología ya no se anuncia abiertamente. En lugar de eso, se desliza justo bajo la superficie, omni-presente, pero mucho más inquietante por ser difícil de ubicar. Se tiene la sensación de que el futuro imaginado ha llegado realmente, pero en una forma bastante diferente de la esperada; tal vez no tan radical, más sutil, más omnipresente a medida que la tecnología se ve implicada en aspectos inesperados de la vida diaria. Y así Gibson se adelanta, con un optimismo moderado, a pesar de todo, y sin rastro de nostalgia, a sus propios futuros inventados.

Lo que estos tres ejemplos comparten es una inesperada mezcla entre lo viejo y lo nuevo, entre lo digital y lo analógico. No defienden lo digital por lo digital, como un proyecto que debiera ser promocionado a toda costa. En lugar de eso, como en la instalación *Shadow monsters* de Phillip Worthington, donde un algoritmo digital introduce extrañas transformaciones en las sombras proyectadas en la pared, la informática añade una nueva dimensión a una tecnología vieja y muy sencilla. Una de las cosas que sabemos acerca de la tecnología informática es que ha creado un ciclo de obsolescencia cada vez más breve. Estos tres trabajos se apartan de la obsolescencia al poner las tecnologías viejas y nuevas en igualdad de condiciones; confían más en la inmediatez y el reconocimiento que en el oscuro culto a la novedad.

Existe hoy en día una obra seria, crítica y teórica, en el terreno de la tecnología digital en arquitectura, pero sospecho de quienes muestran nostalgia por el aspecto *de culto* de los ordenadores, como si fuera una secta secreta con su propio lenguaje esotérico. Me asombra que los arquitectos más cercanos al discurso de la tecnología digital sigan teniendo más en común con Pixar —esclavizados a efectos extravagantes, a lógicas de visualización y al deseo de hacer de la fantasía realidad— que con la cultura de la improvisación y la animación de baja tecnología de *Waking life*. Están más cerca del Gibson de *Neuromante* que del de *Pattern recognition*, buscando aun un cambio de paradigma que lance la arquitectura hacia un nuevo futuro en lugar de prestar atención al grado en que el futuro ha llegado ya.

Una consecuencia de la capacidad de la tecnología digital para manipular enormes cantidades de información ha sido la fascinación por lo emergente, los algoritmos genéticos y la autogestión. Pero la autogestión requiere condiciones iniciales muy específicas. Por eso, imaginar una arquitectura que sea adaptativa y receptiva no es proponer una arquitectura vagamente emergente ni apelar a viejos modelos de flexibilidad. Más bien implica una arquitectura precisa en sus proposiciones formales, específica en la forma, el material y la disposición, pero estratégicamente capaz de múltiples e imprevisibles apropiaciones en el tiempo por parte de usuarios astutos que entiendan que el programa nunca es definitivo. Una arquitectura verdaderamente emergente podría entenderse como un andamio ligeramente fijado que permitiese el cambio en torno a un número mínimo de puntos de anclaje, anticipando la participación de múltiples agentes. Operando como un paisaje preparado, los edificios y las ciudades buenos ofrecen grados de receptividad y de ajuste; una arquitectura abierta a las contingencias de la vida contemporánea y capaz de alojar una diversidad de actividades cambiante en el tiempo. Para diseñar esa incertidumbre se requiere un desarrollo inteligente de la tecnología, pero también suspicacia hacia las soluciones tecnológicas singulares y totalizadoras.

Ésta es una posible dirección que podría surgir de una relación menos compleja con la tecnología digital en la arquitectura: un uso razonable, inventivo y práctico de las tecnologías digitales disponibles en la lógica de nuestra propia disciplina. Otras direcciones incluirían incorporar las tecnologías digitales directamente a los edificios, como pieles interactivas o dispositivos sensibles que fueran más allá de la actual tecnología de "edificio inteligente". El ordenador es una máquina abstracta y al desplazarse más allá de las lógicas de la visualización, aparecen nuevos potenciales. La arquitectura, que construye un mundo artificial desde una realidad tecnológica dada, podría beneficiarse enormemente de esos ejemplos de relación práctica con las tecnologías digitales: una arquitectura relajada y pragmática, más interesada en la consecuencia que en la consistencia.

Ordenar sin ordenador

John Frazer

2005

2004

Escribo este texto desde la hamaca de mi jardín, en Sussex, utilizando un ordenador portátil con conexión inalámbrica a la red, algo que en la década de 1970 era tan sólo un sueño. La tecnología al fin ha llegado, pero con una representación sorprendente, que va mucho más allá de los sueños más salvajes de los gurús más optimistas, y a unos precios asombrosamente más bajos. Mientras escribo esta frase, un estudiante se ha conectado para una tutoría desde China y aparece en una ventana. En otra ventana, chateo con mi hijo y por una tercera estoy respondiendo a una petición urgente del despacho de Frank O. Gehry; son las cuatro de la tarde, la hora del té de verano inglés; ese momento mágico del día en que Los Ángeles se levanta y Shanghái aún no duerme. Estoy tumbado en la hamaca preguntándome por qué hemos tardado tanto en interconectarnos y qué habíamos estado haciendo mientras tanto...

Me detengo un momento para pensar que acabo de estar conectado con la República Popular China y Estados Unidos desde una hamaca de la Unión Europea mediante una red internacional de protocolos compartidos; el aspecto político del asunto es aún más onírico que el tecnológico. El número de marzo de 1974 de *Architectural Design* es rojo, con un retrato a toda página del presidente Mao sosteniendo un ejemplar rojo de *Architectural Design* con el clásico gesto en que sostenía el libro rojo del comunismo; ¿cómo lo sabían los de *Architectural Design*?

Mientras algunos comentaristas hacían proféticas proyecciones técnicas (Richard Buckminster Fuller) y otras predicciones sociales y políticas (*New Society*), sólo en *Architectural Design* supieron unir ambas co-

Frazer, John, "Computing without computers", en *Architectural Design*, vol. 75, 5, John Wiley & Sons, Nueva York, 2005, págs. 34-43.

sas y tuvieron la perspicacia de adelantar cómo la creciente tecnología iba a integrarse en una sociedad cambiante. Los disturbios estudiantiles de Mayo del 68 en París vieron fracasar la oportunidad de un cambio radical que pusiera fin a las injusticias sociales y se acallaron completamente hacia 1970. Hacia 1973, cuando tuvo lugar la crisis del petróleo, surgió una nueva estrategia para llevar a cabo el cambio sociopolítico y la solución venía, al menos en parte, de la nueva tecnología y, en particular, de la ciencia emergente de la cibernética. En mi opinión, el 20 de julio de 1969 fue una fecha clave, cuando la llegada del hombre a la luna se convirtió en un símbolo de lo que Richard Buckminster Fuller había predicado durante décadas.

Durante los últimos años de la década de 1960 y los primeros de la de 1970 estuve ocupado, junto con mis alumnos de entonces, en un prolongado experimento intelectual. No teníamos ordenadores a nuestro alcance, de modo que lo único que podíamos hacer era imaginar que existían, e imaginar también todos los avances en tecnología y los cambios sociopolíticos necesarios para hacer realidad nuestros sueños. A eso me refiero con "ordenar sin ordenador"; un ensayo intelectual de lo que la arquitectura y el entorno construido serían a principios del siglo xxi.

Rescatar del desván la década de 1970

Escribo estas líneas y pienso en algunos números concretos de *Architectural Design* que leí y en los que participé como estudiante y joven arquitecto. Entonces me doy cuenta de que es la arquitectura la que ha estado en el desván desde principios de la década de 1970. Ideas clave como medio ambiente, ecología, sostenibilidad y transferencia de tecnología se guardaron y archivaron para un uso posterior; ¿por qué razón? ¿Cuándo (si es que llega a ocurrir) llegará aquel futuro? Entre las cajas del desván etiquetadas *"Interbuild"*, *"Oz"*, *"New Society"*, *"Archigram"*, *"Clip kit"*, *"Arena"* y *"AAQ"*, encuentro por fin *Architectural Design* 1960-79 y devuelvo los volúmenes a mis estanterías. Ni el polvo, ni el peso, ni la solemnidad de la encuadernación, me distraen de las imágenes todavía frescas y de la levedad que se esconde tras las cubiertas. Un hojeado rápido por 1971 me trae un tubo hinchable de 250 m de largo que flota en el Machsee, en Hannover; una carta abierta de Peter Cook a Warren Chalk; un colchón neumático desplegable Auto-mat, de Mark Fisher; viviendas de emergencia en Perú; un extenso artículo sobre los problemas sociales de la reforma de Covent Garden y otro sobre las Beaux Arts desde 1968 que daba un repaso a las consecuencias de la revolución estudiantil de Mayo del 68 en París. Las revistas revelan rápidamente que la agenda de la década de 1970 se había definido totalmente en la de 1960. Y, para revivir el sabor del momento, recurriendo a la veleidosa memoria y a algunas notas de entonces, despliego la siguiente secuencia de eventos formativos: una personal "Guía básica de experimentos intelectuales".

1963

Richard Buckminster Fuller da una conferencia en primer curso de la Architectural Association (AA) de Londres; la cadena de televisión BBC lo filma. Está sentado tras una mesa plegable y se detiene a media frase cada vez que se para la cámara, sólo la retoma cuando la cámara vuelve a filmar.

1964

El Fun Palace de Cedric Price y Joan Littlewood, del que podría decirse que es el edificio de gran influencia de nuestro siglo, en proyecto desde 1958, ve la luz pública en un artículo de Reyner Banham.[1]

1965

Arte autodestructivo. Durante su conferencia en la Architectural Association, Gustav Metzger se las ingenia para hacer que sus diapositivas ardan en el interior del proyector (las llamas llenan la pantalla dándonos la impresión de estar en el infierno). Le sigue una muestra en el Ching's Yard.[2] La destrucción coreografiada de tubos fluorescentes inspira una orgía de destrucción con maquetas, dibujos, tableros y muebles volando desde las ventanas del estudio hasta el patio. Me siento tentado de lanzarme yo mismo desde el tejado en ese evento participativo, haciéndome daño (otros han admitido desde entonces haber experimentado esa sensación), no por depresión sino por un sentimiento de liberación.

1966

International Dialogue of Experimental Architecture (IDEA: Diálogo Internacional sobre Arquitectura Experimental).
    Folkstone. Acuden miles de estudiantes de todo el mundo con sus mochilas; duermen en la playa. En una pequeña sala diseñada para una audiencia de pocos centenares, escuchan hablar a Cedric Price sobre el Potteries Thinkbelt; a Hans Hollein sobre la tienda de velas Retti y la invención de los bolsos Tote, que saca a la minúscula tienda a la ciudad; y a Joseph Weber, Ionel Schein, Yona Friedman, Arthur Quarmby y el grupo Archigram. Claude Parent y Paul Virilio hablan en francés, con traje negro. Les traduce Colin Fournier, que los ha rescatado de los abucheos de un público encendido que los quería echar del escenario al tomarles por neofascistas. Reyner Banham habla del "Fin de la arquitectura". Cedric Price dice descuidadamente que los arquitectos están en el negocio de los cerramientos y Banham aprovecha para burlarse de la idea utilizándola como plataforma de lanzamiento de su propia visión profética.

1967

World Design Science Conference [Congreso Mundial de la Ciencia del Diseño], Londres.
    Buckminster Fuller intenta implicar a los estudiantes de arquitectura en ese proyecto y en su World Game sobre la base de que la educación en el diseño desarrolla una aproximación global a los problemas, mientras que todas las demás disciplinas se vuelven cada vez más especializadas. Habla durante horas, encadenando su discurso una sola frase sin más interrupciones que las necesarias para tomar aire. Da muestras de su generosidad cuando, más tarde, y aunque visiblemente cansado,

me dedica una hora más de conversación. He hablado con Fuller cuatro veces en mi vida; todas han sido ocasiones mágicas: cada charla me ha producido una renovada sensación de determinación, pero no consigo acordarme de una sola palabra.

1968

Cybernetics serendipity, una exposición en el Institute of Contemporary Arts (ICA), Londres, organizada por la increíble Jasia Reichardt.[3] Un catálogo manoseado (un número especial de *Studio International*) me revela una mezcla increíble: Norbert Wiener, Stafford Beer, Karlheinz Stockhausen, John Cage, Edward Ihnatowicz, Gustav Metzger, Gordon Pask; poesía, música, arte, escultura, danza, cine, arquitectura. Página tras página, el catálogo documenta los experimentos fundacionales que iban a marcar la agenda de los siguientes cuarenta años.

También en 1968

Hice mis primeros dibujos por ordenador con una impresora matricial (sin poder verlos previamente en pantalla). Generar dibujos de gran complejidad geométrica y virtualmente imposibles de realizar a mano es inspirador, pero el dolor de tener que montar el *software* (no existía AutoCad) e introducir todos los datos, me lanzó a un proyecto para mejorar la situación que me ha llevado toda la vida. Imprimí el proyecto final de carrera, gané el primer premio y me robaron todos los dibujos originales de la exposición.[4]

1969

Los fuegos artificiales que marcaron el final de la década de 1960 se produjeron en marzo, cuando *New Society* publicó "Non-plan: An experiment in freedom" de Reyner Banham, Paul Barker, Peter Hall y Cedric Price, lanzando un manifiesto para el fin de la planificación tal como la entendemos.[5]

1970

Una nueva sensación de seriedad y la urgencia de ver el trabajo realizado. Eso significa el final de mis años de estudiante y mi nueva vida como catedrático en Cambridge University. Empiezo a impartir el primer curso en la escuela de arquitectura con Britt Andressen (Medalla de Oro de la Arquitectura en Australia) y Barry Gasson (en la actualidad sir Barry). El cambio de humor y los imperativos profesionales reflejan los cambios de una sociedad que entra en la nueva década. Es como si durante diez años gloriosos el mundo entero hubiera compartido nuestra experiencia formativa de estudiantes y ahora se nos pidiese que pagásemos nuestras deudas.

Inventores, maestros, iniciadores de tendencias y disolventes; así clasifica Ezra Pound la actividad creativa.[6] Como ya se ha descrito, los inventores y los iniciadores de tendencias residieron en la década de 1960. Los maestros dan un paso adelante a principios de la década de 1970 utilizando los procesos tan bien como quienes los habían inventado, o incluso mejor, y a menudo combinando ideas. Los disolventes descienden a mediados de la década de 1960. Si la década de 1960 se caracterizó por el espíritu innovador, la de 1970 será una era de desarrollo en el dominio de la técnica. El cambio viene marcado por un extraordinario número de *Architectural Design*, con Roy Landau como editor invitado,[7] que se centra en la cibernética y los sistemas receptivos, con una galaxia de contribuciones estelares que incluía a Karl Popper, Warren Brodey, Nicholas Negroponte, Stanford Anderson, David Greene, Cedric Price y Gordon Pask, una edición que define los asuntos de las tres décadas futuras. Mientras tanto, me asocio con Alex Pike, a quien conozco sólo como colaborador frecuente de *Architectural Design*, y que también es nuevo en Cambridge University. Formamos un grupo de investigación (que incluye a un joven Ken Yeang) para indagar sobre una arquitectura ecológicamente responsable. Ya no es únicamente un grupo de investigación académica: planeamos la construcción del prototipo de una vivienda autosuficiente.

También en 1970

Tengo acceso a una pantalla de gráficos (un rayo catódico circular donde las primeras líneas desaparecen antes de que se dibujen las siguientes), la única de Cambridge University. Con la ayuda de expertos del laboratorio de matemáticas, empiezo a desarrollar programas generativos basados en una especie de ADN digital que me permiten crear formas estructurales automáticamente sin la pesadez de tener que introducir todos los datos.

1973

Mientras la economía mundial se estanca por la crisis del petróleo, me traslado de Cambridge University a la Architectural Association de Londres, y de nuevo doy clases con Britt Andressen. Presentamos un nuevo experimento intelectual a los estudiantes, pidiéndoles que construyan un ordenador con cajas de cerillas y cuentas de colores. Después tengo la oportunidad y el placer de dar clases un año más con David Greene y Will Alsop.

1976

Nace el edificio inteligente con el proyecto Generator de Cedric Price. Mi mujer Julia y yo somos asesores del proyecto (construimos un sistema informático y montamos el *software*). Cedric está convencido de que la respuesta arquitectónica a un problema concreto es demasiado lenta y piensa que la arquitectura debería crear condiciones deseables y oportunidades que hasta ese momento se han tenido por imposibles. Las instalaciones y estructuras del Generator responden a los deseos del usuario con ayuda de una grúa y ordenadores integrados en todos los elementos estructurales.

1977

Asumo la dirección de la Escuela de Investigación, Historia y Crítica de Arte y Diseño de la Facultad de Arte y Diseño de Belfast y por fin tengo acceso a los recursos para introducir la informática en el plan de estudios cuando llega el primer sistema de gráficos basado en microprocesadores. Paso las Navidades en cama, bloqueado por la nieve, en una granja remota de Killyleagh, en el condado de Down, leyendo una pila de manuales del Tektronix 4051 que me acaban de entregar. Mi entusiasmo va en aumento al darme cuenta de que existe el potencial necesario para que todos los arquitectos tengan un ordenador gráfico en su mesa y, de hecho, la década llega a su fin con la aparición de los Personal Electronic Transactors [Negociadores electrónicos personales], conocidos afectuosamente por su acrónimo como PETs.[8] A continuación llegaría Apple y, más tarde, IBM.

1979

Se funda nuestra empresa Autographics, y creamos el paquete de *software* Autoplan, que contiene el trabajo de veinte años perfeccionando *software* que creemos que ayuda al diseño en lugar de obstruirlo. Pocos años más tarde aparece AutoCad, eclipsando a nuestra pequeña compañía pionera.

¿Qué es lo que falló?

Factores contributivos:
1. La época sufría el efecto de dos tendencias contrarias: la información y la energía, que fluían en direcciones opuestas (y contra las leyes de la física). Por un lado, se producían avances en la tecnología y abundaban las ideas acerca de posibles maneras de salvar el planeta. Por otro, las políticas sin visión de futuro que se habían estado explotando y trivializando durante tres décadas culminaron en 1979 con el comienzo de la era Thatcher, que llevó al agotamiento a la imaginación y el espíritu creativo de Gran Bretaña.
2. La tecnología avanzaba rápidamente, con años de antelación a lo que esperábamos. Los sistemas sociales, políticos y económicos, no. Cuando el problema se desconecta de la solución, desaparece por completo la solución y sólo queda un nuevo problema.

3. El optimismo de la época está tipificado en una obra de Fred Scott, "How it's made",[9] donde se lamenta la poca disposición de los arquitectos a interesarse por cómo se hacen las cosas. Habla del control numérico computacional (CNC) de máquinas que gobiernan una línea de producción flexible, citando un artículo de *Science Journal*. Scott se dio cuenta enseguida de las implicaciones que podía tener para la industria de la construcción. Esa línea argumental se vio ampliada por Chris Abel en "Ditching the dinosaur sanctuary".[10] De todas formas, ni Scott ni Abel contaron con el problema del extraordinario coste de la maquinaria en relación al tiempo que tardarían en producir los componentes. La visión era correcta y el problema del coste en la actualidad ya está resuelto, pero ese temor unidimensional y acrítico frente la tecnología aún no se ha superado.

4. Los disolventes. El Royal Institute of British Architects (RIBA) se adelantó a los efectos de la explotación y la disolución con su congreso anual de 1972. Bajo el lema de "Design for survival" (Diseño para la supervivencia) quiso simular que hacía un esfuerzo profesional para responder a la creciente crisis energética. Mi entusiasmo inicial por que el RIBA se hiciera cargo con seriedad de los temas del medio ambiente y la energía, y mi orgullo al ser invitado a hablar, pronto dieron paso a la horrible comprensión de que, lejos de tomárselo en serio, la profesión veía esos ámbitos como una nueva oportunidad de especulación. Se apropiaron de temas serios y los trivializaron para justificar las irrelevantes discrepancias entre los formalistas y los monumentalistas. El resultado del congreso fue el programa del RIBA "Long Life/Loose Fit/Low Energy" (Larga vida, acceso holgado, baja energía). Andrew Rabeneck, Francis Duffy y John Worthington escribieron una carta abierta al presidente del RIBA, Alex Gordon, expresando su "profunda sensación de incomodidad" por cómo el instituto dirigía el programa.[11] El tema de la participación en el diseño se vio oscurecido de manera similar.

5. El sueño del CAD (diseño asistido por ordenador) se vio malvendido como COD (diseño obstruido por ordenador) y se vino abajo entre la profusión de espantosas representaciones fotorrealistas que han intoxicado a todas las escuelas de arquitectura menores desde entonces.

6. El optimismo tecnológico de finales de la década de 1960 y princi-
    pios de la de 1970 era unidimensional. Muchas de sus fuentes pue-
    den encontrarse en trabajos muy anteriores, y la riqueza de aquel
    pensamiento pareció perderse en el tiempo. Cuando escribió *Nine
    chains to the moon*,[12] Richard Buckminster Fuller afrontaba cues-
    tiones medioambientales, y publicó *4D time lock* como un ataque
    al estancamiento de la industria de la construcción.[13] Sólo recien-
    temente James Woudhysen e Ian Abley han publicado *Why is con-
    struction so backward*.[14] Patrick Geddes habla de la participación en
    su proyecto construido Citizens' Outlook Tower (1892) y la influencia
    de P'otr A. Kropotkin puede encontrarse en su *Campos, fábricas y
    talleres* (1899).[15]

2000

Los ordenadores se han vuelto omnipresentes, ubicuos y casi invisibles,
así que brindo por el nuevo milenio y me declaro posdigital, en el sentido en que trasciendo la necesidad de que nadie hable de ordenadores.
Podemos darlo por hecho y volver a los problemas reales de diseñar un
futuro en respuesta a las necesidades de las personas y del medio ambiente.

2005

Un congreso reciente, *Architecture and digital integration* (Arquitectura
e integración digital), celebrado en la Royal Society of Arts estableció
que el *hardware* y *software* necesarios para el diseño y la producción
informatizados, así como la tecnología de ensamblaje, se han desarrollado hasta tal punto que el dinosaurio de la industria para la fabricación de elementos repetitivos puede darse finalmente por muerto. El
software de la industria aeroespacial adaptado a la construcción ha
desplazado por fin al *software* confeccionado para acelerar el proceso
de diseño existente. El sueño del *software* de generar formas y espacios acordes con una arquitectura futura receptiva y ecológicamente
responsable, y en último término construirlos, por fin se ha hecho rea-

lidad. Ejemplos tan diversos como los de Antoni Gaudí y Frank O. Gehry, iglesias barrocas y pepinos, ilustran la versatilidad de la tecnología y su carácter insustituible, o eso proclaman muchos oradores. Se ha formado un ecosistema de proyectos digitales entre un colectivo amplio de arquitectos, ingenieros, fabricantes y constructores para llevar a cabo una reforma radical de la industria de la construcción, que incluye formación y educación.

Los ávidos lectores de *Architectural Design* habrán visto venir todo esto desde hace cuarenta años. Seguimos con las mismas preocupaciones. ¿Se repetirán los errores de la década de 1970 por una aproximación unidimensional a la tecnología sin proceso y sin propósito? ¿Estamos en peligro de volver a ver la solución fuera del contexto del problema? ¿Cedric Price tiene la última palabra: "La tecnología es la respuesta, pero ¿cuál era la pregunta?"

¿Y los números de *Architectural Design*? Se quedan en mi estantería...

---

[1] Banham, Reyner, "People's palaces", en *New Statesman*, 7 de agosto de 1964, págs. 191-192.

[2] Ching's Yard es una ampliación del taller del edificio que aloja la Architectural Association [N. del T.].

[3] Reichardt, Jasia, "Cybernetic serendipity. Cosmorama", en *Architectural Design*, septiembre de 1968, pág. 395.

[4] Frazer, John, "Reptiles", en *Architectural Design*, abril de 1974, págs. 231-239.

[5] Banham, Reyner; Barker, Paul; Hall, Peter y Price, Cedric, "Non-plan: An experiment in freedom", en *New Society*, 20 de marzo de 1969, págs. 435-443.

[6] Pound, Ezra, *ABC of reading* [1934], Faber & Faber, Londres, 1961 (versión castellana: *ABC de la lectura*, Ediciones y Talleres de Escritura Creativa Fuentetaja, Madrid, 2000).

[7] Landau, Royston (ed.), "Thinking about architecture and planning", en *Architectural Design*, septiembre de 1969, págs. 478-514.

[8] PETs en inglés significa "mascotas" [N. del T.].

[9] Scott, Fred, "How it's made". Cosmorama, en *Architectural Design*, noviembre de 1968, pág. 507.

[10] Abel, Chris, "Ditching the dinosaur sanctuary", en *Architectural Design*, agosto de 1969, págs. 419-424.

[11] Rabeneck, Andrew; Duffy, Francis y Worthington, John, "LL/LF/LE. Open letter to Alex Gordon, PRIBA", en *Architectural Design*, enero de 1973, pág. 6.

[12] Buckminster Fuller, Richard, *Nine chains to the moon*, J.B. Lippincott Company, Nueva York/Filadelfia, 1938.

[13] Buckminster Fuller, Richard, *4D time lock* [1929], Lama Foundation, Albuquerque, 1972.

[14] Woudhysen, James y Abley, Ian, *Why is construction so backward*, Wiley-Academy, Chichester, 2004.

[15] Kropotkin, P'otr A., *Campos, fábricas y talleres* [1899], Jucas, Barcelona, 1978.

Agradecimientos

En primer lugar, agradecer su confianza y apoyo a Iñaki Ábalos. Tampoco hubiese sido posible este trabajo sin mis amigos y socios de F451 Arquitectura (Esther Segura, Xavier Osarte, Toni Montes y Santi Ibarra) quienes, gracias a su paciencia infinita ante mis ausencias y a las discusiones interminables en el despacho, han aportado más de lo que aquí puede describirse. Agradezco también a Roger Adam y Roger Pàez su amistad, confianza y colaboración en nuestras aventuras de los últimos años. Mención especial para Moisés Puente y Ramon Faura por su sabiduría, generosidad y apadrinamiento.

Por último, me gustaría resaltar el trabajo de Helen Han y Noel Murphy, cuya labor de investigación ha sido fundamental para que pudiera llevar a cabo este libro. Desde aquí hago pública mi gratitud por su dedicación.

Bibliografía

Artículos en revistas
(los artículos que aparecen en este volumen están marcados con asterisco)

Aish, Robert, "From intuition to precision", en *AA Files*, 52, Londres, 2005, págs. 62-68.
Mirada académica sobre el uso de las herramientas y habilidades informáticas a través de ejemplos concretos.

*Allen, Stan, "The digital complex", en *LOG*, 5, Anyone Corporation, Nueva York, 2005, págs. 93-99.
Una panorámica histórica de la tecnología digital y el proceso de diseño.

Amoroso, Nadia, "Visual communication for design competitions: Art or instruction", en *Archis*, 1, NAi, Róterdam, 2004, págs. 94-98.
Sobre la importancia de las técnicas de representación, su incidencia en los concursos y su función de conformadoras de identidad.

Ascott, Roy, "The architecture of cyberception", en *Architectural Design*, vol. 65, 11/12, John Wiley & Sons, Nueva York, 1995, págs. 38-41.
Trata sobre la ciberrecepción y la telepresencia y sus efectos sobre el yo distribuido a través de las interacciones de Internet que lo diferencian de los modelos estáticos clásicos.

Borradori, Giovanna, "Against the technological interpretation of virtuality", en *Architectural Design*, vol. 69, 9/10, John Wiley & Sons, Nueva York, 1999, págs. 26-31.
Nociones de virtualidad y sus intersecciones entre filosofía y arquitectura a través de ejemplos que abarcan desde Henri Bergson hasta Friedrich Nietzsche.

Bouman, Ole, "Quick space in real time", en *Archis*, 5, NAi, Róterdam, 1998, págs. 62-65.
Cómo los conceptos de ciberespacio, arquitectura y "signo" están cambiando con los nuevos medios de comunicación.

—, "RealPlace in QuickTimes, or, can architecture go digit-all?", en *Archis*, 8, NAi, Róterdam, 1995, págs. 46-51.
Cómo el concepto de ciberespacio está cambiando y cuestionando la visión tradicional del cuerpo humano y su condición física.

—, "Quick space in real time, slot: Architecture on demand", en *Archis*, 1, NAi, Róterdam, 1998, págs. 76-78.
Cómo el concepto de ciberespacio está cambiando y cuestionando la importancia del objeto arquitectónico.

—, "Quick space in real time, architecture online", en *Archis*, 7, NAi, Róterdam, 1998, págs. 74-79.
Cómo el concepto de ciberespacio exige multiplicidad de interacciones, haciendo que el control de los artistas y arquitectos disminuya y admitiendo el movimiento y la transmutabilidad del objeto arquitectónico.

—, "Architecture, liquid, gas", en *Architectural Design,* vol. 75, 1, John Wiley & Sons, Nueva York, 2005, págs. 14-22.
Describe un mundo en red que conecta a personas más que lugares, enfatizando la temporalidad (atmósfera, emoción, efecto) frente a la permanencia.

Boyer, M. Christine, "The imaginary real world of cybercities", en *Assemblage*, 18, The MIT Press, Cambridge (Mass.), 1992, págs. 115-127.
El ciberespacio y la cibercultura en la ciudad.

Braham, William, "After typology: The suffering of diagrams", en *Architectural Design*, vol. 70, 3, John Wiley & Sons, Nueva York, 2000, págs. 9-11.
Contempla las expectativas contra la realidad del diagrama como un generador de forma y proceso arquitectónicos.

Brott, Simone, "Inside the fold: The form of form", en *Architectural Design*, vol. 63, 3/4, John Wiley & Sons, Nueva York, 1993, págs. VI-IX.
Define el pliegue y las nuevas formas que encajan a la perfección elementos dispares y que ofrecen un nuevo tipo de libertad a los arquitectos.

Bullivant, Lucy, "Intelligent workspaces: Crossing the thresholds", en *Architectural Design*, vol. 75, 1, John Wiley & Sons, Nueva York, 2005, págs. 38-45.
Trata de la informática omnipresente, las oficinas en red y sus implicaciones espaciales globales sobre el espacio de la oficina.

—, "There has always been a relationship between design and technology: Ron Arad on interactivity and low-res design", en *Architectural Design*, vol. 75, 1, John Wiley & Sons, Nueva York, 2005, págs. 54-61.
Describe las obras multimedia de Ron Arad y afirma que poseen una tactilidad tecnológica en su tránsito entre lo físico (táctil) y lo digital (virtual) en el proceso de diseño.

Burry, Mark, "Between surface and substance", en *Architectural Design*, vol. 73, 2, John Wiley & Sons, Nueva York, 2005, págs. 10-19.
Explora la virtualidad de materiales concebidos digitalmente y se pregunta si ésta coloca a la arquitectura en un lugar más cercano a la teoría del arte que a los oficios físicos.

Burry, Mark, "Beyond animation", en *Architectural Design*, vol. 71, 2, John Wiley & Sons, Nueva York, 2001, págs. 7-15.
Invita a usar las técnicas de animación como una parte del "pensar" el diseño más que como un modo de producir un producto final representacional.

Cache, Bernard, "Architectural shooters", en *Hunch: The Berlage Institute Report*, 6, Episode Publishers, Róterdam, 2003, págs. 123-127.
Diseño y fabricación de objetos no estándar.

—, "Philibert de l'Orme pavilion: Towards an associative architecture", en *Architectural Design*, vol. 73, 2, John Wiley & Sons, Nueva York, 2003, págs. 21-25.
Aplicación de las técnicas asociativas en el diseño y la fabricación; un pabellón diseñado por Bernard Cache sirve de prueba y caldo de cultivo para sus argumentos.

—, "Gottfried Semper: Stereotomy, biology, and geometry", en *Architectural Design*, vol. 72, 1, John Wiley & Sons, Nueva York, 2002, págs. 28-33.

La geometría en la arquitectura, desde Gottfried Semper y la geometría proyectiva hasta las superficies de Nurbs.

Carpenter, Rebecca, "Force effect: An ethics of hypersurface", en *Architectural Design*, vol. 69, 9/10, John Wiley & Sons, Nueva York, 1999, págs. 21-25.
Encuentra en el pensamiento de Bergson los fundamentos entender el tiempo y el movimiento como generadores de la forma arquitectónica.

Carpo, Mario, "Tempest in a teapot", en *LOG*, 6, Anyone Corporation, Nueva York, 2005, págs. 99-106.
Evaluación de los modos de producción y las recientes transiciones desde la producción mecánica a la algorítmica.

—, "Post-hype digital architecture: From irrational exuberance to irrational despondency", en *Grey Room*, 14, The MIT Press, Cambridge (Mass.), 2004, págs. 103-112.
Segundo examen de las promesas de las técnicas digitales y su aplicación crítica a la cultura.

Chu, Karl, "Metaphysics of genetic architecture and computation", en *Architectural Design*, vol. 76, 3, John Wiley & Sons, Nueva York, 2006, págs. 38-45.
Estudio del gran impacto que tendrá la convergencia de la informática y la biogenética en el despliegue de la historia del hombre y de la naturaleza.

—, "Genetic space: Hourglass of the demiurge", en *Architectural Design*, vol. 68, 11/12, John Wiley & Sons, Nueva York, 1998, pág. 69.
Conceptualización del "espacio genético" como un modelo espacio-temporal evolutivo contenido en la propia realidad como alternativa a los modelos virtuales de ciberespacio.

Deamer, Peggy, "Structuring surfaces: The legacy of the whites", en *Perspecta*, 32 (*Resurfacing Modernism*), The MIT Press, Cambridge (Mass), 2001, págs. 90-99.
Examen de la forma arquitectónica y del legado de los Five Architects de Nueva York como instrumento para la filosofía contemporánea y el discurso cultural.

*DeLanda, Manuel, "Deleuze and the use of the genetic algorithm in architecture", en *Architectural Design*, vol. 72, 1, John Wiley & Sons, Nueva York, 2002, págs. 9-12.
Introducción al uso de los algoritmos genéticos en arquitectura.

Dubbeldam, Winka, "The right questions", en *Hunch: The Berlage Institute Report*, 6, Episode Publishers, Róterdam, 2003, págs. 164-166.
Defensa de la arquitectura orientada al proceso, que se ocupa más de la representación que de la forma convencional.

Eisenman, Peter, "Duck soup", en *LOG*, 7, Anyone Corporation, Nueva York, 2006, págs. 139-143.
Crítica histórica del objeto visual en la arquitectura y su relación con la iconografía.

—, "Digital scrambler: From index to codex", en *Perspecta*, 35 (Building codes), The MIT Press, Cambridge (Mass.), 2004, págs. 40-53.
Comparación de las técnicas de diseño y de composición históricas centradas en el deseo renacentista de estabilidad que da paso a una tendencia contemporánea de organización dinámica.

Frazer, John, "The architectural relevance of cyberspace", en *Architectural Design*, vol. 65, 11/12, John Wiley & Sons, Nueva York, 1995, págs. 76-77.
Descripción de nuevos modos de producción arquitectónica en relación con las técnicas de ciberespacio, con especial inatención a formas receptivas que reaccionan con las aportaciones del usuario.

*—, "Computing without computers", en *Architectural Design*, vol. 75, 5, John Wiley & Sons, Nueva York, 2005, págs. 34-43.
Panorámica histórica de la informática en la arquitectura, con una revisita a los primeros usos del ordenador y su transformación e integración finales en la producción arquitectónica.

Frazer, John y Rastogi, Manit, "The new canvas", en *Architectural Design*, vol. 65, 11/12, John Wiley & Sons, Nueva York, 1995, págs. 8-11.
Propuesta de métodos de diseño evolucionarios como alternativa a los compositivos.

Goulthorpe, Mark, "Misericord to a grotesque reification", en *Architectural Design*, vol. 71, 2, John Wiley & Sons, Nueva York, 2001, págs. 57-63.
Crítica del uso de la animación como herramienta de proyecto.

Haque, Usman, "The architectural relevance of Gordon Pask", en *Architectural Design*, vol. 77, 4, John Wiley & Sons, 2007, págs. 54-61.
Conmemoración de la obra del científico computacional Gordon Pask, observando su influencia en la teoría y la producción arquitectónica, en particular en el campo de la cibernética.

Hays, K. Michael, "Prolegomenon for a study linking architecture of the present to that of the 1970's", en *Perspecta*, 32 (*Resurfacing Modernism*), The MIT Press, Cambridge (Mass.), 2001, págs. 100-107.
Comparación de la producción arquitectónica contemporánea con la de movimientos radicales anteriores.

Hays, K. Michael *et al.*, "Assembly 2", en *Assemblage*, 27, The MIT Press, Cambridge (Mass.), 1995, págs. 67-73.
Facilita un trabajo preliminar para la crítica arquitectónica contemporánea y distingue entre el cuerpo actual de diálogo crítico de las formas históricas de crítica.

Hight, Christopher y Perry, Chris, "The manifold potential of bionetworks", en *Perspecta*, 38 (*Architecture After All*), The MIT Press, Cambridge (Mass.), 2006, págs. 41-58.
Panorama de las prácticas actuales que tienden hacia prácticas en red y su potencial para generar nuevas formas de producción arquitectónica que han posibilitado los avances de las tecnologías en red.

Hodgetts, Craig, "Analog + digital", en *LOG*, 6, Anyone Corporation, Nueva York, 2005, págs. 107-114.
Crítica de las tendencias digitales que cuestionan la capacidad de las técnicas virtuales para trascender las convenciones analógicas para construir y experimentar la arquitectura.

Hunt, Gillian, "Architecture in the 'Cybernetic Age'", en *Architectural Design*, vol. 65, 11/12, John Wiley & Sons, Nueva York, 1995, págs. 53-55.
Historia de la teoría cibernética y su influencia en el diseño de entornos receptivos, en particular, en el desarrollo de espacios interactivos y materiales inteligentes.

Jencks, Charles, "The new paradigm in architecture", en *Hunch: The Berlage Institute Report*, 6, Episode Publishers, Róterdam, 2003, págs. 251-268.
Contextualización de la incorporación de modelos biológicos como base del proceso de diseño arquitectónico en contraste con los anteriores modelos mecánicos.

—, "Nonlinear architecture: New science = new architecture?", en *Architectural Design*, vol. 59, 3/4, John Wiley & Sons, Nueva York, 1997, pág. 7.
Contextualización de la incorporación de modelos biológicos como base del proceso de diseño arquitectónico y aproximación al importante papel de la teoría científica en la conceptualización de la arquitectura.

—, "Landform architecture: Emergent in the nineties", en *Architectural Design*, vol. 59, 3/4, John Wiley & Sons, 1997, págs. 15-31.
Distinción entre la forma abstracta y la representacional, e introducción de lo "informe" para clasificar los sistemas arquitectónicos no representacionales.

Keller, Ed, "Versioning, time, and design culture", en *Architectural Design*, vol. 72, 5, John Wiley & Sons, Nueva York, 2002, págs. 29-33.
La versión como una técnica basada en el tiempo.

Kurgan, Laura, "You are here: Information drift", en *Assemblage*, 25, The MIT Press, Cambridge (Mass.), 1995, págs. 15-43.
Cartografiado del espacio en el tiempo utilizando GPS y tecnologías digitales y facilitando una lectura más profunda de la condición urbana como un espacio en continuo flujo.

*Kwinter, Sanford, "Architecture and the technologies of life", en *AA Files*, 27, The Architectural Association, Londres, 1994, págs. 3-4.
Contextualización de la incorporación de modelos biológicos como base del proceso de diseño arquitectónico y aproximación al importante papel de la teoría científica en la conceptualización de la arquitectura.

—, "Challenge match for the 'Information' Age: Maxwell's demons and Eisenman's conventions", en *a+u*, 276, Japan Architects, Tokio, 1993, págs. 146-149.
Análisis de las técnicas de diseño que utilizan la "información" como una herramienta para desafiar las convenciones de la forma arquitectónica.

Lalvani, Haresh, "Meta architecture", en *Architectural Design*, vol. 69, 9/10, John Wiley & Sons, Nueva York, 1999, págs. 32-37.
Expansión de las técnicas digitales para integrar restricciones de fabricación y construcción, fomentando los actos de diseño y producción.

Larner, Celia y Hunter, Ian, "Hyper-aesthetics: The audience is the work", en *Architectural Design*, vol. 65, 11/12, John Wiley & Sons, Nueva York, 1995, págs. 24-27.
Análisis de la nueva estética presente en los medios de comunicación *web* y de cómo dichos medios facilitan la interacción directa del público y del contenido.

Leach, Neil, "Digital morphogenesis", en *Archithese*, vol. 36, 4, Niggli, Sulgen, 2006, págs. 44-49.
Expansión de las técnicas digitales para integrar las restricciones de fabricación y construcción.

Lootsma, Bart, "The computer as camera projector", en *Archis*, 8, NAi, Róterdam, 1998, págs. 8-10.
Análisis del uso de la arquitectura de los espacios virtuales como una plataforma para el diseño.

Lynn, Greg, "Embryologic houses", en *Architectural Design*, vol. 70, 3, John Wiley & Sons, Nueva York, 2000, págs. 25-35.
Propuesta de métodos de producción informática que sostienen la personalización en serie como una alternativa a los modelos tradicionales industriales y a la producción en serie.

*—, "An advanced form of movement", en *Architectural Design*, vol. 67, 5/6, John Wiley & Sons, Nueva York, 1997, págs. 54-57.
Propuesta de procesos informáticos basados en el tiempo que integran los flujos temporales en la descripción y generación de la forma.

—, "Multiplicitous and in-organic bodies", en *Architectural Design*, vol. 63, 11/12, John Wiley & Sons, Nueva York, 1993, págs. 30-37.
Propuesta de procesos informáticos basados en el tiempo que integran los flujos temporales en la descripción de la forma.

—, "Architectural curvilinearity: The folded, the pliant, and the supple", en *Architectural Design*, vol. 63, 3/4 John Wiley & Sons, Nueva York, 1993, págs. 8-15.
Introducción de las ideas de Gilles Deleuze como base para la reconceptualización del espacio y su producción, con un énfasis especial en la topología.

—, "Blobs (or why tectonics is square and topology is groovy)", en *Any*, 13 (*Tate Frames Architecture*), Anyone Corporation, Nueva York, 1996, págs. 58-61.
Introducción a los *blobs* y a la superficie topológica como base para la reconceptualización del espacio y de la producción arquitectónica.

—, "New variations on the Rowe complex", en *Any*, 7/8 (*Form Work, Colin Rowe*), Anyone Corporation, Nueva York, 1994, págs. 38-43.
Análisis del papel de las matemáticas en arquitectura, proponiéndolas como un instrumento de complejidad más que de reducción.

Martin, Reinhold, "The organizational complex: Cybernetics, space, discourse", en *Assemblage*, 37, The MIT Press, Cambridge (Mass.), 1998, págs. 103-127.
Sobre las formas cibernéticas, biomecánicas y sociotécnicas como componentes de las redes digitales que transforman y controlan la comunicación y la organización.

Massumi, Brian, "Sensing the virtual, building the insensible", en *Architectural Design*, vol. 68, 5/6, John Wiley & Sons, Nueva York, 1998, págs. 16-25.
Aclara la relación entre arquitectura y filosofía en lo que se refiere al interés contemporáneo por la virtualidad y la topología.

Michel, Florence y Jankovic, Nikola, "Heading for trans-Euclidean space?: An interview with Paul Virilio", en *Archis*, 11, NAi, Róterdam, 1998, págs. 28-32.
Sobre el impacto de las nuevas tecnologías, especialmente lo real-virtual en la cultura y en la arquitectura.

Mitchell, William, "Soft cities", en *Architectural Design*, vol. 65, 11/12, John Wiley & Sons, Nueva York, 1995, págs. 8-13.
Se centra en la política y en el ciberespacio, y en sus efectos sobre la privacidad, el intercambio comercial y la autoridad en la ciudad virtual.

Moller, Chris, "Planning tools", en *Architectural Design*, vol. 75, 2, John Wiley & Sons, Nueva York, 2005, págs. 44-49.
Examen del proyecto urbano mediante herramientas informáticas con vistas a integrar la información y las restricciones, recurriendo a múltiples disciplinas para conseguir una propuesta sintética.

Neutelings, Willem Jan, "Blobs, pixels and push-up bras", en *Archis*, 2, NAi, Róterdam, 2002, págs. 79-80.
Crítica del compromiso de la arquitectura con la cultura digital.

Novak, Marcos, "TransArchitectures and hypersurfaces", en *Architectural Design*, vol. 68, 5/6, John Wiley & Sons, Nueva York, 1998, págs. 85-94.
Exploración de la relación entre arquitectura física y espacio virtual.

—, "Transmitting architecture", en *Architectural Design*, vol. 65, 11/12, John Wiley & Sons, Nueva York, 1995, págs. 43-47.
Descripción de la relación entre la arquitectura física y lo virtual mediante el análisis de precedentes cinematográficos.

Oosterhuis, Kas, "Game, set, & match: Design in the age of the digital revolution", en *Archis*, 3, NAi, Róterdam, 2001, págs. 59-64.
Historia personal del trabajo de Kas Oosterhuis con la arquitectura y los ordenadores.

—, "Animated bodies", en *Architectural Design*, vol. 71, 2, John Wiley & Sons, Nueva York, 2001, págs. 37-39.
Los entornos Real Time transfiguran arquitecturas fijas en espacios interactivos.

Parent, Claude, "The oblique function meets electronic media", en *Architectural Design*, vol. 68, 5/6, John Wiley & Sons, Nueva York, 1998, págs. 75-78.
Sostiene que, al igual que lo oblicuo, los medios de comunicación electrónicos podrían utilizarse como herramienta para repensar los límites de la forma.

*Pask, Gordon, "The architectural relevance of cybernetics", en *Architectural Design*, vol. 7, 6, Wiley, Nueva York, 1969, págs. 494-496.
La cibernética en la arquitectura.

Pavitt, Jane, "Designing in the digital age", en *Architectural Design*, vol. 69, 11/12, John Wiley & Sons, Nueva York, 1999, págs. 11-12.
Introducción al diseño asistido por ordenador y al proceso digital en el diseño industrial de los productos de uso cotidiano.

Pawley, Martin, "Information, the 'Gothic solution'", en *Architectural Design*, vol. 59, 3/4, John Wiley & Sons, Nueva York, 1991, págs. 90-96.
Propone que la arquitectura gótica es "informacional" y propone esta interpretación como una base para reconsiderar la traducción digital de información en forma.

Perrella, Stephen, "Anterior diagrammatics, writing weak architecture", en *Architectural Design*, vol. 59, 3/4, John Wiley & Sons, Nueva York, 1991, págs. 7-13.
Desarrollo de la arquitectura a través de la representación y figuración, incluyendo nuevos modos que incorporan información, que tradicionalmente es externa, en el dibujo arquitectónico.

—, "Electronic Baroque: Hypersurface II, autopoeisis", en *Architectural Design*, vol. 66, 9/10, John Wiley & Sons, Nueva York, 1999, págs. 5-7.
Evaluación del impacto de los medios de comunicación en la forma arquitectónica y su potencial integración en el espacio arquitectónico, en especial en relación con las superficies físicas.

—, "Computer imaging. Morphing and architectural representation", en *Architectural Design*, vol. 65, 11/12, John Wiley & Sons, Nueva York, 1993, págs. 90-93.
Entrevista con el modelador de *Terminator II* centrada en la industria cinematográfica y en las técnicas de modelado entre lo virtual y lo físico.

Pickering, John, "Cyberspace and the architecture of power", en *Architectural Design*, vol. 62, 9/10, John Wiley & Sons, Nueva York, 1996, págs. 6-11.
Problematización del papel del espacio "virtual" y las técnicas de producción arquitectónicas.

*Picon, Antoine, "Architectural and the virtual, towards a new materiality", en *Praxis: journal of writing + building*, 6, Cambridge (Mass.), 2004, págs. 114-121.
Sobre lo virtual.

Plant, Sadie, "No plans", en *Architectural Design*, vol. 65, 11/12, John Wiley & Sons, Nueva York, 2005, págs. 36-37.
Desafío del papel de la autoridad y su dependencia de los resultados planeados dentro un entorno cibernético caracterizado por procesos emergentes.

Price, Cedric, "Cedric Price talks at the AA", en *AA Files*, 19, The Architectural Association, Londres, 1990, págs. 27-33.
Crítica a las técnicas informáticas y a una aparente tendencia a desmontar la autoría de la producción arquitectónica.

Rashid, Hani, "A new trajectory", en *Hunch: The Berlage Institute Report*, 6, Episode Publishers, Róterdam, 2003, págs. 390-394.
Típico texto centrado en la nueva figura del arquitecto, cuya autoría queda disuelta en el grupo.

Rocker, Ingeborg, "Versioning: Evolving architectures - dissolving identities", en *Architectural Design*, vol. 72, 5, John Wiley & Sons, Nueva York, 2001, págs. 10-17.
La arquitectura se aleja de la representación de ideas a priori y se mueve hacia técnicas que tienen en cuenta la evolución constante, cambiando los parámetros y los grupos de datos que generan las formas.

*—, "Calculus-based form: An interview with Greg Lynn", en *Architectural Design*, vol. 76, 4, Wiley & Sons, Nueva York, 2006, págs. 88-95.
Entrevista que repasa la trayectoria de Greg Lynn.

Saggio, Antonio, "Interactivity at the center of avant-garde architecture", en *Architectural Design*, vol. 75, 1, John Wiley & Sons, Nueva York, 2005, págs. 20-23.
Implicaciones físicas de las redes y tecnologías digitales, las redes globales, el diseño y la computerización a gran escala en su manifestación a escala local.

Sassen, Saskia, "The city: Localizations of the global", en *Perspecta,* 36 (*Juxtapositions*), The MIT Press, Cambridge (Mass.), 2005, págs. 73-77.
Articulación de las implicaciones físicas de la tecnología digital y de las redes globales que se manifiestan a escala local.

Shea, Kristina, "Generative design: Blurring the lines between architect, engineer and computer", en *Architectural Design*, vol. 75, 4, John Wiley & Sons, Nueva York, 2005, págs. 116-121.
Potencial del diseño generativo/paramétrico que tiene en cuenta nuevas colaboraciones entre arquitectos e ingenieros.

Speaks, Michael, "Design intelligence: Or thinking after the end of metaphysics", en *Architectural Design*, vol. 72, 5, John Wiley & Sons, Nueva York, 2002, págs. 5-9.
Se centra en el cambio de concepto de diseño como forma representacional hacia el diseño como la concepción y construcción del espacio que tiene en cuenta los resultados inmediatos y que generan capacidad de adaptación.

Spiller, Neil, "Editorial: Games without frontiers", en *Architectural Design*, vol. 66, 9-10, John Wiley & Sons, Nueva York, 1998, pág. 7.
Ofrece una visión optimista del potencial de la tecnología y de cómo los arquitectos pueden expresar sus valores en la ciberciudad.

—, "Towards an animated architecture against architectural animation", en *Architectural Design*, vol. 71, 2, John Wiley & Sons, Nueva York, 2001, págs. 84-86.
Cómo la utilización de la animación ha llevado a una postura menos rigurosa y a una obsesión por el imaginario de las superficies.

Spuybroek, Lars, "The motorization of reality", en *Archis*, 11, NAi, Róterdam, 1998, págs. 18-21.
Repaso histórico de las herramientas arquitectónicas y su influencia en cómo el cuerpo interactúa con la arquitectura.

Steele, Brett, "Disappearance and distribution: The architect as mechanic interface", en *Hunch: The Berlage Institute Report*, 6, Episode Publishers, Róterdam, 2003, págs. 422-436.
Trata del nuevo entorno de trabajo en red y el uso de herramientas digitales inteligentes.

*—, "Split personalities", en *LOG*, 5, Anyone Corporation, Nueva York, 2005, págs. 114-115.
Examina la diferencia entre diseño guiado por el proceso y aquél guiado por el contexto.

Van Berkel, Ben y Bos, Caroline, "Rethinking urban organization", en *Hunch: The Berlage Institute Report*, 1, Episode Publishers, Róterdam, 1999, págs. 72-73. Abarca la comprensión general del urbanismo dinámico, la estratificación de datos y las técnicas basadas en el tiempo.

Vidler, Anthony, "Diagrams of diagrams: Architectural abstraction and modern representation", en *Representations*, 72, University of California Press, Berkeley, 2000, págs. 1-20. Comprensión del contexto histórico de los diagramas y su potencial aplicación como herramienta arquitectónica.

—, "Technologies of space/Spaces of technology", en *The Journal of the Society of Architectural Historians*, vol. 58, 3, Society of Architectural Historians, Nueva York, 1999, págs. 482-486. Ofrece un panorama de los nuevos historiadores de la arquitectura y señala los huecos que quedan por rellenar en la era digital.

Wiscombe, Tom, "Emergent models of architectural practice", en *Perspecta*, 38 (*Architecture After All*), The MIT Press, Cambridge (Mass.), 2006, págs. 59-70. Nuevos modelos de operación e intercambio de habilidades, técnicas y tecnologías en la práctica arquitectónica.

*Zaera-Polo, Alejandro/Foreign Office Architects, "Foa Code Remix 2000", en *2G*, 16 (*Foreign Office Architects*), Editorial Gustavo Gili, Barcelona, págs. 130-131. Análisis de la importancia de lo virtual en la obra de Foreign Office Architects.

Zion, Adi Shamir, "New modern: Architecture in the age of digital technology", en *Assemblage*, 36, The MIT Press, Cambridge (Mass.), 1998, págs. 63-79. Compara la relación histórica de la modernidad entre tecnología novedosa y arquitectura y la falta de respuesta por parte de la arquitectura con el ataque de la tecnología de la información.

Libros

(Los artículos que aparecen en este volumen están marcados con asterisco)

*Allen, Stan, "Terminal velocities: The computer in the design studio", en *Practice: Architecture, technique and representation*, Routledge, Londres, 2000, págs. 242-245.

*Beaucé, Patrick y Bernard Cache, "Towards a non-standard mode of production", en *Phylogenesis: FOA's ark*, Actar, Barcelona, 2004 (versión castellana: *Filogénesis. Las especies de Foreign Office Architects*, Actar, Barcelona, 2004, págs. 390-405).
Invita a usar herramientas informáticas para desarrollar nuevas técnicas de diseño que entren directamente en las técnicas de fabricación y limitaciones constructivas como una parte del proceso de diseño más que como una traducción posterior al mismo.

Frazer, John, *An evolutionary architecture*, Architectural Association, Londres, 1995.
Recurre a la biología evolucionaria y del desarrollo, la ciencia computacional, la ingeniería mecánica y la electrónica para cuestionar una nueva manera de ver el diseño arquitectónico e interdisciplinar.

*—, "A natural model for architecture. The nature of the evolutionary body", en Spiller, Neil (ed.), *Cyber reader: Critical writings for the digital era*, Phaidon, Londres/Nueva York, 2002, págs. 246-253

Jencks, Charles, *The new paradigm in architecture: The Language of the postmodernism*, Yale University Press, New Heaven, 2002.
Traza la historia del diseño asistido por ordenador y propone recurrir a ella para responder a las demandas de la contracultura de la década de 1960.

Kerckhove, Derrick, *The architecture of intelligence*, Birkhäuser, Basilea, 2001.
Explora los efectos de la nueva tecnología sobre la comunicación humana y los de los nuevos medios de comunicación sobre la cultura tradicional y muestra el amplio abanico que las técnicas de información ofrecen al diseño arquitectónico.

Kolarevic, Branko, "Digital master builders?", en *Architecture in the digital age. Design and manufacturing*, Taylor & Francis, Nueva York, 2003, págs. 63-72.
Describe y analiza los desarrollos del diseño digital y de las técnicas de fabricación aplicados a la arquitectura.

Liu, Yu Tung, "Digital creativity: Conversations with Peter Eisenman, Greg Lynn, and William Mitchell", en *Defining digital architecture*, Birkhäuser, Basilea, 2001, págs. 18-25.
Aborda cuestiones relacionadas con cómo se ha integrado el uso del ordenador en cada despacho y se comentan también sus implicaciones en las técnicas de diseño y la profesión en general.

*Picon, Antoine, "Architecture, science, technology, and the virtual realm", en *Architecture and the sciences: Exchanging metaphors*, Princeton Architectural Press, Nueva York, 2003, págs. 293-313.
Describe la migración de paradigmas científicos hacia la arquitectura y realiza una aproximación histórica al desarrollo de la realidad virtual y el consecuente surgimiento de una nueva dimensión virtual.

Prestinenza Puglisi, Luigi, *Hyperarchitettura: spazi nell'età dell'elettronica*, Testo & Immagine, Turín, 1999.
Analiza la influencia de los numerosos artistas, filósofos, psicoanalistas y arquitectos que condujeron a la transformación de la percepción espacial en un mundo dominado por los medios de comunicación electrónicos.

Biografías de los autores

Stan Allen

Arquitecto con despacho propio (Stan Allen Architect) desde 1990 y decano de la Escuela de Arquitectura de la Princeton University. Su obra construida incluye galerías, jardines, oficinas y varias casas unifamiliares. Entre 1999 y 2003 trabajó en colaboración con el paisajista James Corner (Field Operations) en una serie de proyectos para enclaves urbanos de gran escala. Su obra ha sido recogida en el libro *Points + lines: Diagrams and projects for the city* (Princeton Architectural Press, Nueva York, 1999) y sus ensayos teóricos en *Practice: Architecture, technique + representation* (Routledge, Londres/Nueva York, 2009).

Bernard Cache

Profesor asociado de la Facultad de Arquitectura, Paisaje y Diseño (AL&D) de la University of Toronto. Estudió en la École Politechnique Fédérale de Lausanne (EPFL) y en la École Supérieure des Sciences Économiques et Commercialles junto a Gilles Deleuze. Con Patrick Beaucé y Jean-Louis Jammot fundó Objectile en 1996. Su trabajo de investigación se concentra en los materiales, su manufactura y su uso. Es autor de *Earth moves* (The MIT Press, Cambridge [Mass.], 1995) y *Terre meuble* (Editions HYX, Orleans, 1997).

Mario Carpo

Profesor asociado de Historia de la Arquitectura en la Escuela de Arquitectura de Saint-Etienne, Francia, y director del Centro de Estudios del Canadian Centre for Architecture (Montreal). Sus escritos tratan sobre la historia de la teoría arquitectónica y, recientemente, se han centrado en la relación entre el pensamiento arquitectónico y la tecnología de la información. Sus publicaciones recientes incluyen *Architecture in the age of printing* (The MIT Press, Cambridge [Mass.], 2001; versión castellana: *La arquitectura en la era de la imprenta,* Cátedra, Madrid, 2003) y el número "Drawing with numbers" de la revista *Journal of the Society of Architectural Historians* (diciembre de 2003).

Manuel DeLanda

Es filósofo y escritor especializado en ciencias con una obra extraordinariamente interdisciplinar. Ha escrito ampliamente sobre la dinámica no-linear, las teorías de la auto-organización, la vida e inteligencia artificiales y la teoría del caos, y también sobre arquitectura e historia de la ciencia. Nacido en Ciudad de México, se trasladó a Nueva York en 1975, donde ha sido profesor en la Columbia University. En 1980 centró su atención en el ordenador, como programador y artista informático pionero, antes de destacar como uno de los principales teóricos del mundo electrónico. Entre sus publicaciones más importantes se incluyen *War in the age of intelligent machines* (Zone Books, Nueva York, 1991), *A thousand years of nonlinear history* (Zone Books, Nueva York, 1997) e *Intensive science and virtual philosophy* (Continuun, Nueva York/Londres, 2002).

John Frazer

Arquitecto, profesor, crítico de arquitectura y teórico inglés especializado en sistemas de CAD inteligente. Pionero de las tecnologías informáticas en arquitectura, urbanismo y diseño, ha desarrollado sus investigaciones en la Architectural Association de Londres, la Cambridge University, la University of Ulster (Belfast) y la Universidad Politécnica de Hong Kong, donde fue profesor de la cátedra Swire. Actualmente ejerce como coordinador internacional de investigación para el Ecosistema de Práctica Digital de Gehry Technologies. Desde 2006 es director de la Escuela de Diseño en la Queensland University of Technology (QUT) de Brisbane, Australia.

Sanford Kwinter

Profesor asociado de arquitectura en la Harvard Graduate School of Design, es escritor y editor con el título de doctor en Columbia University. Ha sido profesor en el Massachusetts Institute of Technology, en Columbia University y en Rice University, y fue cofundador y editor de la revista *Zone* y de Zone Books durante veinte años. Ha escrito ampliamente sobre temas filosóficos del diseño, arquitectura y urbanismo y fue miembro del consejo editorial de *ANY* y de publicaciones como *As-*

semblage. Es autor de numerosos artículos y libros, entre los que se encuentran *Architectures of time* (The MIT Press, Cambridge [Mass.], 2001) y *Far from equilibrium* (Actar, Barcelona, 2007).

Greg Lynn
Ha sido profesor y conferenciante en universidades como la ETH (Zúrich), la Columbia University, el "angewandte" (Viena), la University of California en Los Ángeles (UCLA) y la Yale University. Es autor, entre otros, de los libros: *Intricacy* (Institute of Contemporary Art/ University of Pennsylvania, Filadelfia, 2003), *Architectural laboratories* (NAi, Róterdam, 2000; con Hani Rashid), *Folds, bodies & blobs: Collected essays* (Princeton Architectural Press, Nueva York, 1998) y *Animate form* (Princeton Architectural Press, Nueva York, 1999). Su despacho, Gregg Lynn FORM se fundó en 1994 y es pionero en el uso en el campo del diseño y de la arquitectura del diseño asistido por ordenador.

Antoine Picon
Es profesor de Historia de la Arquitectura y de la Tecnología en la escuela de diseño de la Harvard University. Formado como ingeniero, arquitecto e historiador del arte y de la ciencia, se le conoce principalmente por su trabajo en la historia de las tecnologías arquitectónicas desde el siglo XVIII hasta nuestros días. Entre sus libros se encuentran *Architectes et ingénieurs au siècle des Lumières* (Parenthèses, Marsella, 1988), que examina las "estructuras profundas" de la arquitectura, el paisajismo y la ingeniería del siglo XVIII, y más recientemente ha editado, con Alessandra Ponte, *Architecture and the sciences: Exchanging metaphors* (Princeton Architectural Press, Nueva York, 2003).

Gordon Pask
Ganador de la medalla Wiener, fue un especialista en cibernética, psicólogo, productor escénico y letrista inglés que llevó a cabo importantes contribuciones a la cibernética, la psicología docente, la epistemología experimental y la tecnología educativa.

Ingeborg Rocker
Es profesora asistente en la Harvard Graduate School of Design y, entre 1996 y 1999, trabajó en el estudio de Peter Eisenman. Ha impartido clases en la Princeton University y en la University of Pennsylvania; fue profesora invitada en la Humboldt-Universität de Berlín y actualmente ultima su tesis doctoral sobre estructuras evolutivas en la Princeton University. Su trabajo teórico se centra en cuestiones relacionadas con el impacto de los medios en la percepción, la producción y la teoría de la arquitectura.

Brett Steele
Director de la Escuela de Arquitectura de la Architectural Association (AA), Londres, y de AA Publications. Es fundador y antiguo director del AADRL Design Research Lab, el innovador programa interdisciplinar de la AA. Es socio del estudio de arquitectura londinense DAL, desArchLab, y es profesor y conferenciante en escuelas de todo el mundo. Ha editado *Negociate my boundary!* (Birkhäuser, Basilea, 2006), *Corporate fields* (AA, Londres, 2005) y la colección de pensamiento crítico sobre arquitectura contemporánea (AA Words) de AA Publications.

Alejandro Zaera-Polo
Fue decano del Berlage Institute de Róterdam y anteriormente había sido jefe de unidad en la Architectural Association (AA) de Londres y crítico invitado en la Princeton University, la Columbia University y el Berlage Institute. Colabora regularmente en publicaciones periódicas, como *El croquis*, *Quaderns d'Arquitectura i Urbanisme*, *AD*. En 1992 fundó Foreign Office Architects (FOA) junto a Farshid Moussavi y poco después obtuvieron el primer premio en el concurso internacional para la Terminal Portuaria de Yokohama, Japón.